江西财经大学专业选修课用书

股市动力学原理

杨小毛　白耀辉　主编

中国财经出版传媒集团
中国财政经济出版社
·北京·

图书在版编目（CIP）数据

股市动力学原理／杨小毛，白耀辉主编．-- 北京：中国财政经济出版社，2025．5（2025.11重印）．-- ISBN 978－7－5223－3886－6

Ⅰ．F830．91

中国国家版本馆 CIP 数据核字第 20258BC447 号

责任编辑：张晓丽　　　　责任校对：胡永立

封面设计：孙俪铭　　　　责任印制：史大鹏

股市动力学原理

GUSHI DONGLIXUE YUANLI

中国财政经济出版社 出版

URL：http：//www. cfeph. cn

E－mail：cfeph@ cfeph. cn

社址：北京市海淀区阜成路甲 28 号　邮政编码：100142

营销中心电话：010－88191522

天猫网店：中国财政经济出版社旗舰店

网址：https：//zgczjjcbs. tmall. com

涿州汇美亿浓印刷有限公司印刷　各地新华书店经销

成品尺寸：170mm×240mm　16 开　14. 25 印张　150 000 字

2025 年 5 月第 1 版　2025 年 11 月河北第 3 次印刷

定价：78. 00 元

ISBN 978－7－5223－3886－6

（图书出现印装问题，本社负责调换，电话：010－88190548）

本社图书质量投诉电话：010－88190744

打击盗版举报热线：010－88191661　QQ：2242791300

前　言

股票市场是股票发行和股票交易的场所，包括发行市场和交易市场两部分。发行市场是发行公司通过证券承销商向投资者推销新发行股票的市场；交易市场是专门经营股票交易的有组织的流通市场，是股民投资交易的场所。通过股票的发行和流通交易，大量社会闲散与专业投资资金流入股市，从而流入了发行股票的公司，使各路大额与小额的资金汇集了起来，促进了社会资本的集中和积累，大大加大了发行公司的流通资金，改善了企业资本的有机构成，加快促进了社会经济的发展。

股票发行公司的初衷，是通过面向社会发行股票，迅速而广泛地集中和积累社会的闲散与专业投资资金，以满足生产建设、扩大再生产和扩大经营的资金需要，扩大建设规模，最终实现企业业绩大幅提升和长久发展，并取得利用内资、外资而不借内债、外债的效果。此外，股票投资者的初衷，是看中股份公司的核心竞争力和未来的发展，本着利益共享与风险共担的原则投资股份公司，谋求财富的增值。因此，无论是发行公司还是投资者，最初的股市投资纯属价值投资。

然而现代股市发展中，由于股价的走向取决于资金的流向，导致资金实力雄厚的机构大户能在一定程度上影响甚至操纵股价的涨跌。他们可以利用自身的资金实力，采取多种方式制造短期趋势行情而从中获利，因而使得市场有了投机的一面。尤其短线，趋势投机成为主力和一大部分散户的股市投资方向，背离了股市的初衷。

图1与图2是较好的价值投资标的实例，贵州茅台历时不到三年股价从166元涨到803元，约4.84倍；格力电器历时不到三年股价从17.9元涨到58.7元，约3.28倍。这两股是价值投资的典范。图3与图4是趋势投资标的实例，斯太尔8个交易日股价从2.87元到6.16元，约2.15倍；德新交运15个交易日股价从10.72元到30.56元，约2.85倍。

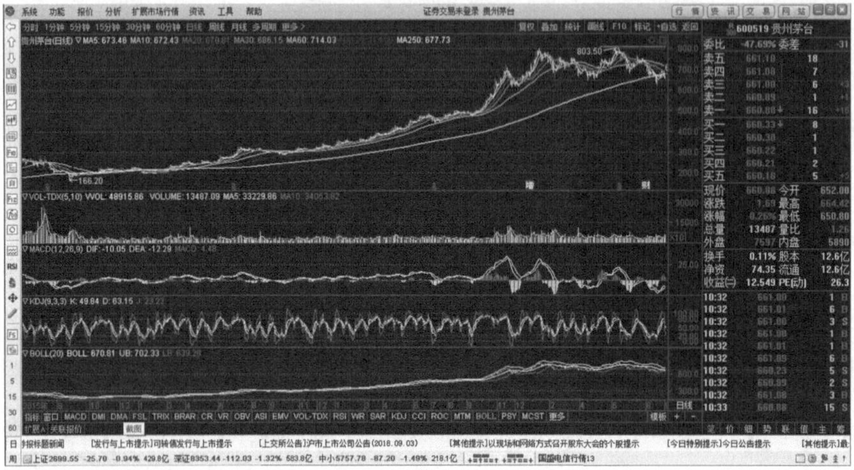

图1　价值投资实例之贵州茅台

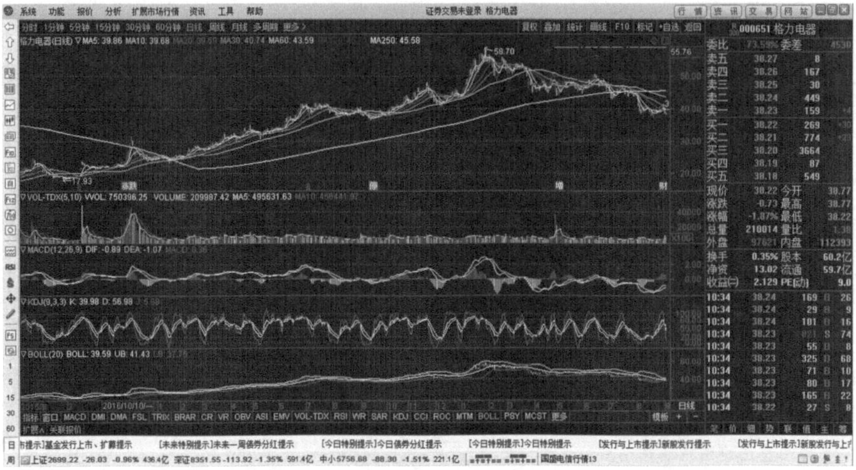

图 2　价值投资实例之格力电器

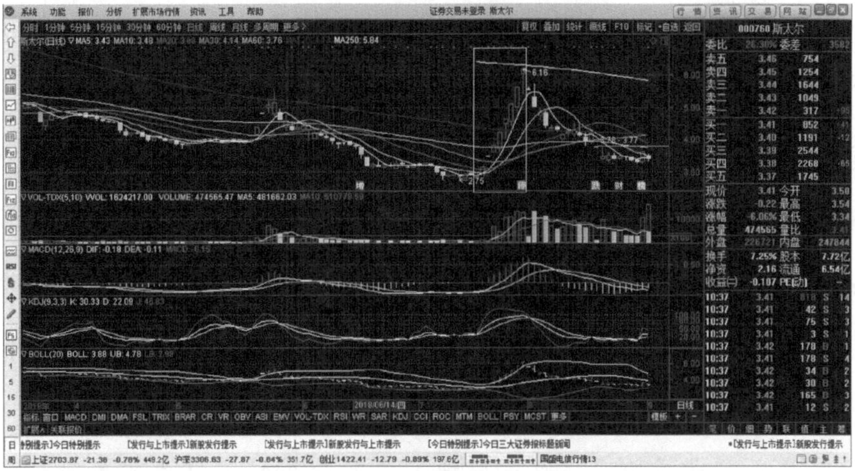

图 3　趋势投资实例之斯太尔

然而整体而言，股市是大风险市场，其风险来源甚多。从大处说股市风险有市场外风险、市场内风险、认知风险、心理风险和交易风险。细分来说，市场外风险包括经济形势风险、政策风险、利率风险、购买力风险、经营风险、财务风险、信用风险和

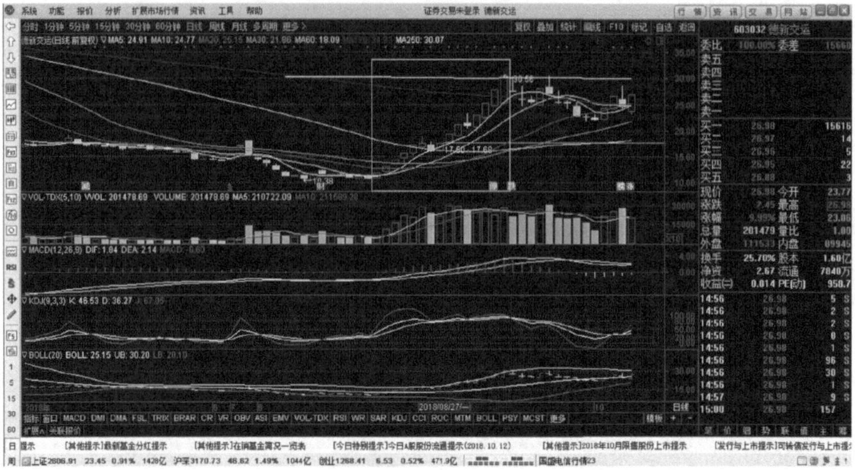

图 4　趋势投资实例之德新交运

道德风险等；市场内风险包括股灾、熊市、主跌市场风险等；认知风险包括主观意愿认知风险和客观认知能力风险等；心理风险包括贪婪、不甘心、恐慌、主观想象、期待等；交易风险包括交易行为风险和交易系统风险等。正因如此，股市投资者多数是亏钱的。股票是风险性资产，风险由投资者自担，因此无论是股市投资者还是股市投机者，为了争取利益最大化，风险最小化，就必须认真进行股票投资分析，研究和掌握股票的内在运行规律。只有真正掌握了股市运行的原理，才能防范可能发生的风险，确保投资的安全性和营利性。

笔者作为材料物理化学留洋博士后，江西财经大学教授，在长期的股市投资实践中，发现了与股市相关的科学，将这些科学知识与股市相互融通，完整地阐述了股市深层次的规律，创建了股市科学系统，著书《股市动力学原理》。《股市动力学原理》

首次系统挖掘出股市运行的自然科学深层次本质，创造性地将自然科学与股市融为一体，使股市投资的认知与交易有了自然科学的强有力的支持。同时，《股市动力学原理》为艾略特波浪理论提供了自然科学理论基础，使波浪理论回归了物理运动学理论。在后期的股市投资实战中，利用《股市动力学原理》的指导，笔者取得过年利润1000%的好成绩。

笔者愿与所有投资者一道学习和交流，认真研判股市运动规律和规律下的市场形势，然后作出正确的投资。

目　　录

第一章

股市运动哲学基础

哲学，是人类对整个宇宙和世界的总的看法和根本观点，是人类研究客观宇宙、世界、自然界和人类社会发展中的一切普遍规律的科学。哲学为自然科学探索宇宙和世界一切物质运动规律提供辩证法和方法论，万事万物运行总规律和一切具体科学都在其范畴之内。因此，哲学对具体的自然科学和社会科学研究具有指导意义，作为股市投资者，有必要认真研究哲学在股市投资的实践活动中的指导价值。

千百年来，唯物主义与唯心主义的世界观一直在辩论不休，而哲学的进步是伴随着自然科学的进步而进步的。笔者作为材料物理化学专业博士后，将自然科学所学知识应用于哲学世界观思考中，科学地发现这个世界根本不存在非物质的东西，只不过物质有两类不同存在方式而已，正所谓“波粒二象性”，有些物质以“波态”存在，有些物质以“粒态”存在。宏观世界的物质都以“粒态”存在，而微观世界的电磁波则以“波态”存在。我们人类意识其实也是一种物质，是特殊的高等物质，是一种载有视觉、听觉等感官信息的高等电磁波。人类意识之所以表现出主观性，是因为大脑皮层吸附的众多电磁波相互作用、相互复合及相互干涉产生新的复合电磁波所致。电磁波的复合过程即人类的思维过程，如果这种思维复合过程是严谨客观的，则得出的复合波是合理的、科学的，如果这种思维复合过程不是严谨客观的，则得出的复合波就表现出很大主观性。既然意识本身都是物质，那么唯心主义世界观也就应该消失了，因此，辩证唯物主义才是唯一正确的哲学思想。正如事实，宇宙里其实根本就没有非物质存在，根据物质“波粒二象性”，波态物质存在于微观世界，粒态物质则是微观与宏观世界都存在。我们在宏观世界看到的物质世界属于“粒态”物质，而我们的意识则是微观世界电磁波“波态”高等物质。医学上对人体大脑检测时从电脑屏幕显示的电磁波其实就是大脑意识波动。电影电视剧的演艺是载有视觉、听觉信息的电磁波传播。

辩证唯物主义哲学是唯一正确的哲学，它对自然科学最大的贡献和指导价值是从根本上指出，世界是物质的世界，物质世界永远按照其固有的规律运动、变化和发展着。运动是物质的根本属性，指宇宙中发生的一切变化和过程，任何物质都处于不断地运动之中。物质运动、变化和发展是有规律的，规律是客观的，是不以人的意志为转移的。自然科学就是在哲学指导下，对物质的运动、变化和发展规律全方位进行研究，物理学和化学就是在此基础上展开的。世界上不存在非物质的东西，只存在不同的存在方式，或波态，或粒态。物质概念既包括自然现象，又包括社会现象，是一个最广泛和最普遍的概念。股市也是哲学中的物质，也符合自然科学的研究范畴。

辩证唯物主义哲学认为，物质和运动不可分割地联系着，没有脱离运动而存在的物质，也没有脱离物质而存在的运动。科学的全部成就和科学探索实践证明，物质世界的一切，都处于永不停息的运动变化中。整个宇宙从微观到宏观，从无机物到有机物，从自然界到人类社会，无一不在运动变化着。同时，运动按照其固有的规律变化与发展着，不以人的意志为转移。规律是客观的，同时规律又是可以被探索、认知和利用的。将这些哲学思想应用到股市，便形成了股市哲学。

股市哲学认为：宇宙里不存在非物质的东西，因此，股市也是物质，在不断运动和变化之中。股市运动和变化是有规律的，此规律符合相关科学运动原理，是客观的，不以人的意志为转移的。股市规律与相关科学规律相通，并可以被投资者研究、认知和投资利用。

无数投资者认定股市没有规律，主要原因是股市科学是一门综合性科学，不仅涵盖经济学和证券学，更涵盖了物理学和化学的深层次自然科学的本质规律，对投资者科学知识的研究广度和深度要求极高，难以掌握；其次，股市规律具有多条件性和易变性，每一个具体规律的存在都伴随着众多细节性条件，一个细节条件发生变化，该细节规律便会失效，难度太大，因此，股市规律具有了复杂性。此外，股市投资过程中还涉及心理学和策略军事学，实在综合性太强。然而一旦将这些股市中科学研究透彻，股市就会变成投资者的“取款机”，带领投资者走上财富之路。因此，投资者极有必要认真研究和深入探索股市中的科学规律。

根据现代科学已经达到的认识，物质的运动，有机械运动、物理运动、化学运动、生物运动和社会运动。其中与股市运动相关的运动有物理运动和化学运动，这些运动在相关的物理学和化学的研究中已经接近完善，将这些接近完善的自然科学知识与技能应用到股市之中，认知与判断岂有不准确之理？科学技术能使人造卫星上天，能给地球上任何物体运行精确定位，其准确性和可信度在人类的生活实践中早已得到完美体现。因此，有了自然科学的指导，再加上心理学和交易军事学在投资实践中的合理运用，必然极大提升投资者的投资信心、交易合理性和投资回报。

第二章

以经典物理力学逻辑看股市运行

股市涨跌是典型的物理运动现象，因此满足物理学中的动力学、运动学和热力学规律。将这些物理运动规律应用到股市之中，便相应创建出股市动力学、股市运动学和股市热力学。这些科学规律在股市形势的精准认知和判断中，起到关键性作用。

第一节　股市动力学运动规律

股市，作为物质的一种形态，必然满足物理动力学运动规律，即：力是改变物体运动状态的唯一原因，以及物体三大动力学运动定律。因此，相应可以创建股市动力学运动规律，以科学指导股市运行的判断和认知。

股市动力学一条极其重要的规律是：力是改变物体运动状态的唯一原因。有了这条规律，便直接指导了股市的选股。要在股市投资中选择好股票，唯一必须选择的是具有能够导致股票上涨动力的股票。力有外力和内力，有根本动力和直接动力之分。

外力指外在推动力，是主升行情的推动力，能够引发加速度主升行情，是最可观的推动力。那么股票市场的外力是什么？是催化剂。什么是催化剂？虽然催化剂这一概念的本质很明确，并且这一概念也已广泛被应用，但要对催化剂下一个精确而普遍的定义并不容易。按照奥斯特瓦尔德的定义，“催化剂是能够改变化学反应速度而并不参加到反应终产物中去的任何物质”。正催化剂加速正化学反应，负催化剂加速逆化学反应。股市里的催化剂又是什么？就是那些能够引发股票股价高速运动的大的经济形势、国家意志、政策倾向、重大事件及概念和题材等。正催化剂带来股票的上涨，负催化剂导致股票下跌。既然引发股票质点产生一波可观的主升行情依靠正催化剂外力，那么，在股市投资中，首先要做的就是寻找正催化剂外力，将具有风口催化剂外力的股票作为投资标的，可以完整地获取主升行情第三大浪的利润，数日资产翻番，仿似“一夜暴富”。

内力指内在推动力，是惯性行情和反弹行情的推动力。一波可观的主升行情之后，往往还会有惯性带来的惯性行情。主升行情越强势，惯性位移也会相应更大。一波下跌行情之后，在关键支撑位，往往也会有一波反作用力带来的反弹行情。下跌前的主升行情越强势，下跌后关键支撑位的反弹行情位移也会相应更大。

根本动力指推动股票质点展开行情的力，包括外力和内力。直接动力指投资者的心理，包括欲望和情绪等心性因素。投资者的心理决定了投资者的资金流向，是推动股票涨跌的直接原因。

图 2－1 的上港集团和图 2－2 的上海物贸是在正催化剂“上海自贸区成立”的力作用下展开的股价高速增长；图 2－3 的韩建河山和图 2－4 的京汉股份是在正催化剂“雄安新区规划”的力作用下展开的股价高速增长。图 2－5 的中兴通讯是在负催化剂“中美贸易战”的力作用下展开的股价快速下跌；图 2－6 的

乐视网是在负催化剂“业绩大幅下滑和负债等”的力作用下展开的股价快速下跌。

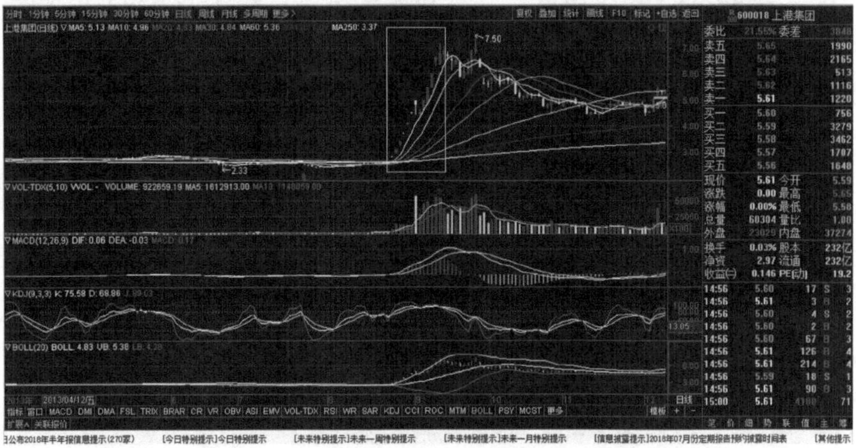

图 2-1　正催化剂实例之上港集团

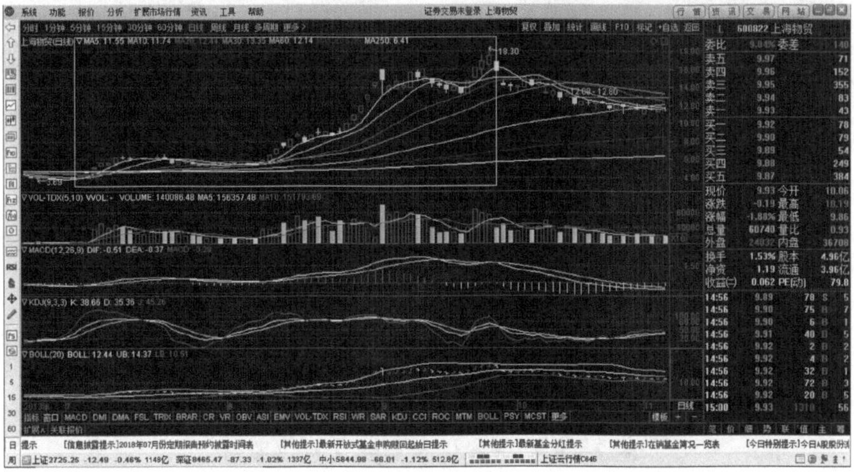

图 2-2　正催化剂实例之上海物贸

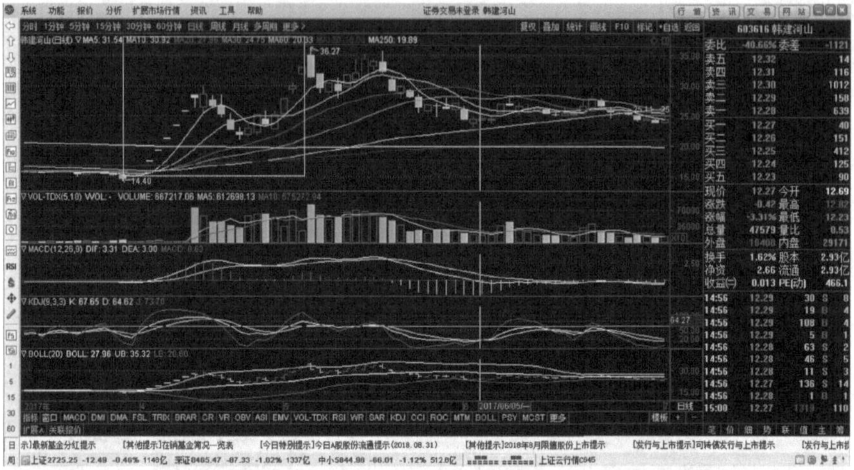

图 2-3　正催化剂实例之韩建河山

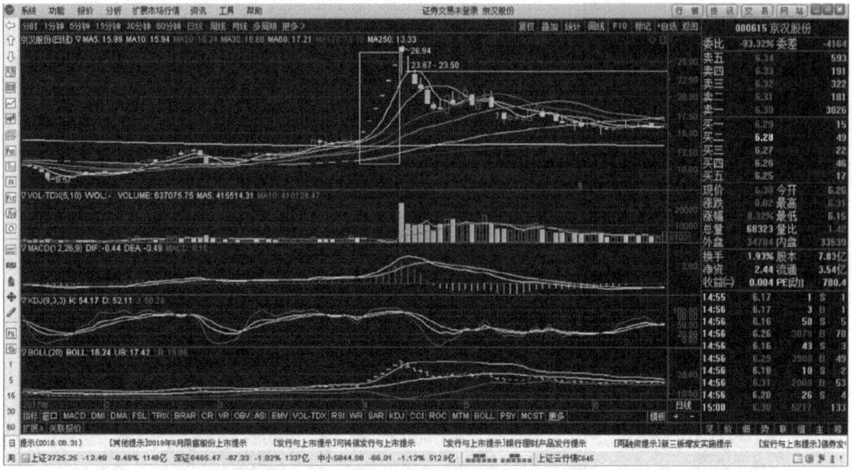

图 2-4　正催化剂实例之京汉股份

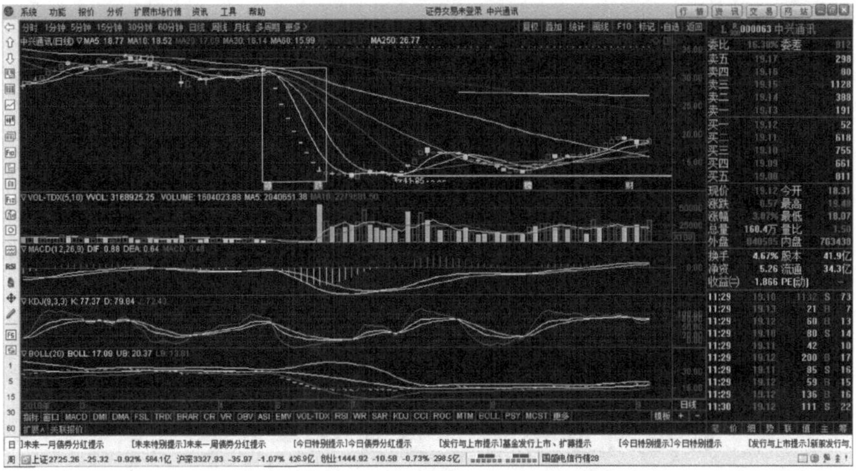

图 2－5　负催化剂实例之中兴通讯

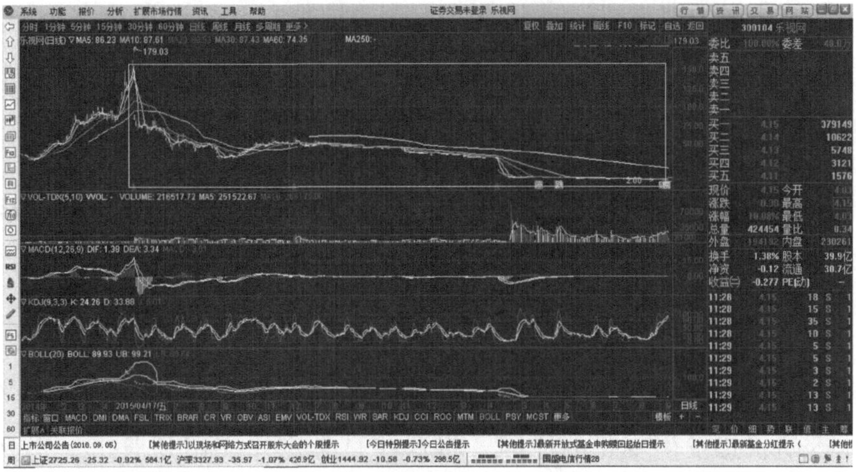

图 2－6　催化剂实例之乐视网

第二节　股市动力学三大运动定律

一、股市动力学第一运动定律

物理动力学第一运动定律的文字叙述如下：任何物体都要保持其停止或匀速直线运动状态，直到力迫使它改变运动状态为止。第一定律提出了两个力学基本概念，一个是物体的惯性，另一个是力。第一定律指出，任何物体都具有保持其运动状态不变的性质。这个性质叫作惯性，所以第一定律也称为惯性定律。第一定律还表明，正是由于物体具有惯性，所以要使物体的运动状态发生变化，一定要有力对它作用。第一定律把力与物体的运动状态正确地联系起来，它表明力不是维持物体运动的原因，而是使物体运动状态发生变化的原因。将这些科学定律应用到股市，得到股市动力学第一运动定律：在没有催化剂外力及反作用力对股票质点作用的前提下，股票质点将保持其原来的运动状态。股市动力学第一运动定律对股市投资的指导作用，与股市动力学运动规律“力是改变物体运动状态的唯一原因”类似，二者相互支持。

图 2-7 的先河环保和图 2-8 的金隅集团在催化剂外力“雄安新区规划”的作用之前，基本保持箱体平衡惯性运动，直到催化剂外力出现改变其运动状态，从而进入快速主升运动。

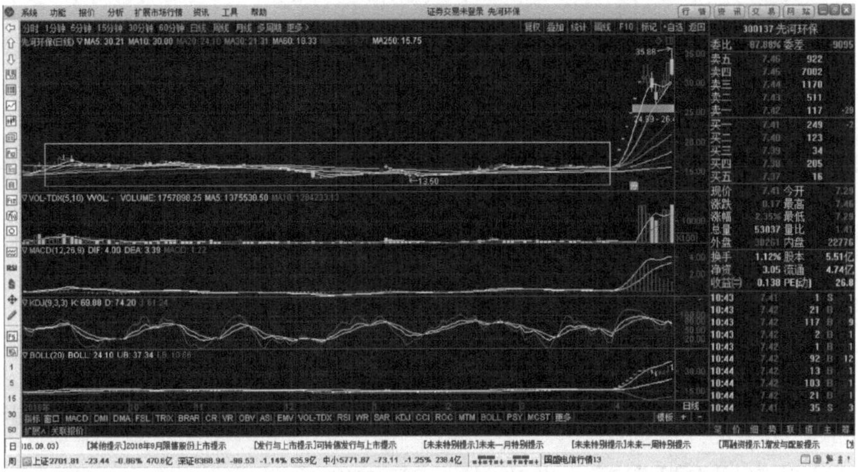

图 2-7 惯性运动实例之先河环保

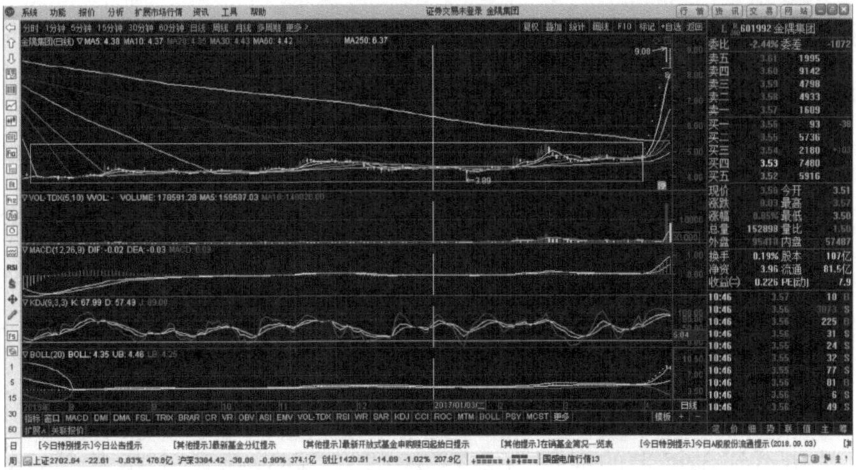

图 2-8 惯性运动实例之金隅集团

二、股市动力学第二运动定律

物理动力学第二运动定律的文字叙述如下：动量为 p 的物体，其动量随时间 t 的变化率等于作用于物体的合外力 f。即：

$$f = dp/dt = d(mv)/dt$$

当物体在低速情况下运动时，即物体的运动速度远小于光速时，物体的质量可视为不依赖于速度的常量，上式可写为：

$$f = mdv/dt = ma$$

即物体所受的合外力等于其质量 m 和加速度 a 的乘积。

物理动力学第二运动定律揭示了力、质量、加速度这三个物理量之间的定量联系，即当外力 f 不变时，质量 m 越小，加速度 a 越大。将物理动力学第二运动定律运用到股市里，便相应得到股市动力学第二运动定律：当催化剂外力作用时，股票将出现加速主升上涨行情；在催化剂外力 f 相同的情况下，股票流通市值（m）越小，其上涨加速度（a）越快。因此，在股市投资中，要选择有催化剂外力的加速主升行情；当催化剂外力且作用点都相同时，应当将流通市值最小的股票作为标的首选，因为这只股票更容易被推动，股价上涨加速度更大。

创业板是小市值股票集聚的指数，从 2012 年 1 月到 2015 年 6 月初不到 3 年半的时间（见图 2－9），创业板整个指数从 585 涨到 4038，约 6.9 倍，而该期间上证指数和深证成指均涨不到 3 倍。而当时市值小到只有 5.78 元 ×1.5166 亿 =8.77 亿元的上海钢联则从 2013 年 6 月的 5.78 元涨到 2015 年 5 月中旬的 157.95 元，约 27.35 倍，短短两年时间涨幅巨大（见图 2－10、图 2－11）。

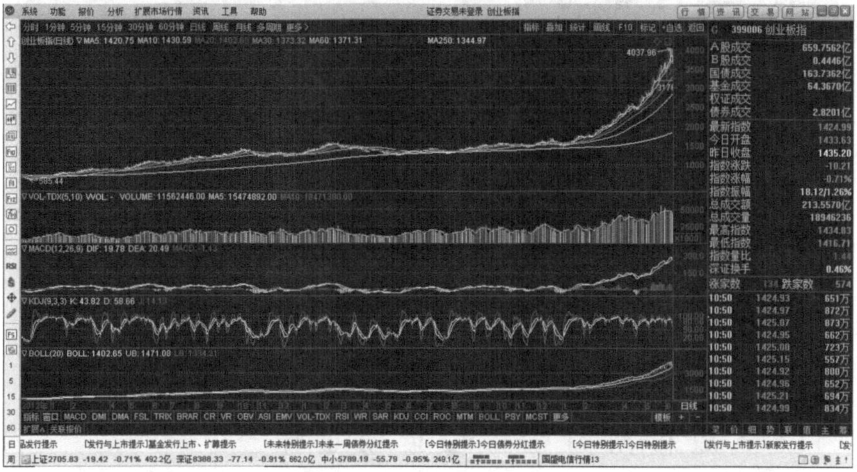

图 2－9　创业板指

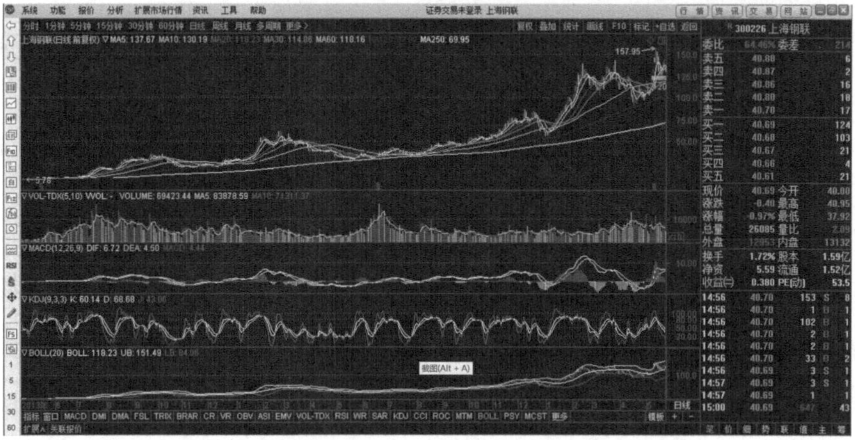

图 2－10　小市值股票上海钢联高速增长实例

图 2－11　上海钢联流通 A 股数

三、股市动力学第三运动定律

物理动力学第三运动定律的文字叙述如下：两物体之间的作用力 f 和反作用力 f′，沿同一直线，大小相等，方向相反，分别作用在两个物体上。即：

$$f = -f'$$

将物理动力学第三运动定律运用到股市里，得到股市动力学第三运动定律：股市运行到关键位置，由于力的相互作用，市场将出现一定程度的相反运动，反弹或调整。因此，当股票上涨到关键阻力位时，将会出现调整，投资者应当及时回避；而当股票下跌到关键支撑位时，将会出现反弹，投资者可以适当介入下跌前主升强势个股的短线反弹。

图 2－12 的中国卫星在上涨过程中在 120 日均线和 60 日均线

处均受到反作用力的作用而回调，在下跌过程中在 20 日均线处受到反作用力的作用而反弹；与图 2 - 13 的振芯科技在上涨过程中在 20 日均线处受到反作用力的作用而回调，在下跌过程中在 20 日均线处受到反作用力的作用而反弹。

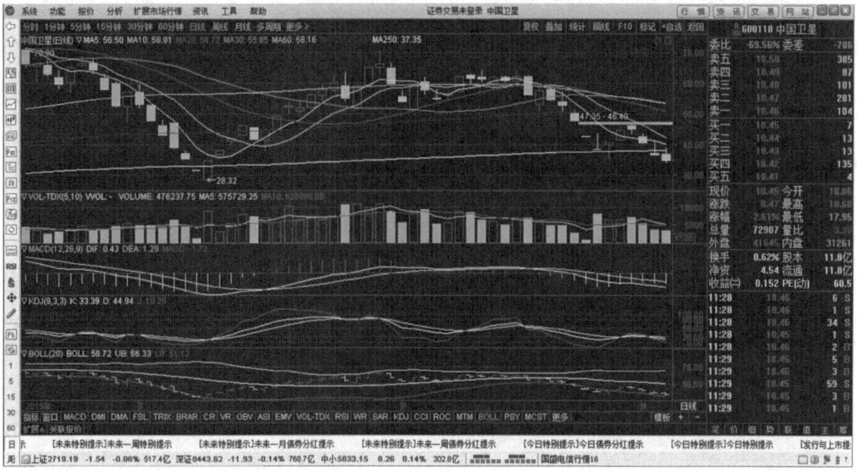

图 2 - 12　反作用力实例之中国卫星

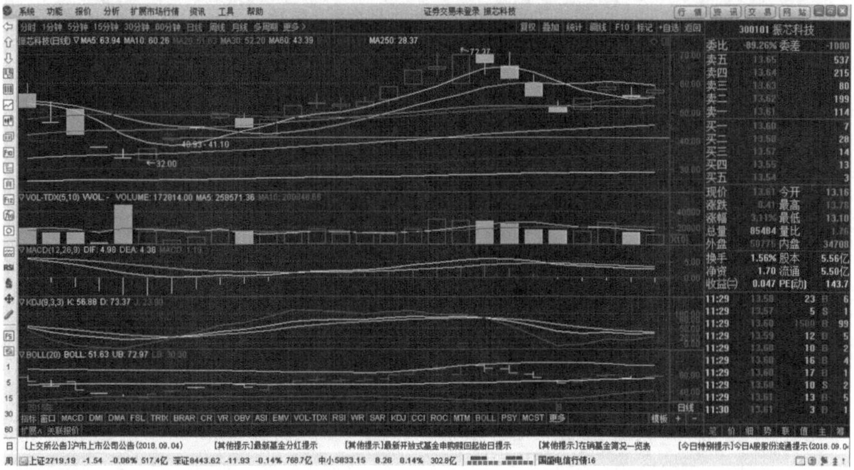

图 2 - 13　反作用力实例之振芯科技

股市动力学三大运动定律，直接对应股市三大行情：惯性行情、加速度主升（正催化剂）或加速度主跌（负催化剂）行情、反弹（主跌时）或回调（主升时）行情。其中最为可观的是加速度主升行情，最需防范的是加速度主跌行情。能够引发主升行情的催化剂有能够改变公司业绩，确定性改变公司估值的实质性概念、题材（比如具有核心竞争力的技术研发的成功、国家政策的倾向与扶持、重组，等等）和未必能改变公司业绩和估值的纯概念、题材（高送转、区域概念、主题题材，等等）。

图 2－14 的西部证券与图 2－15 的方正证券分别体现了股市三大运动定律对应的三大行情，从主升到反作用到惯性，再到主跌到反作用到惯性的运动过程。

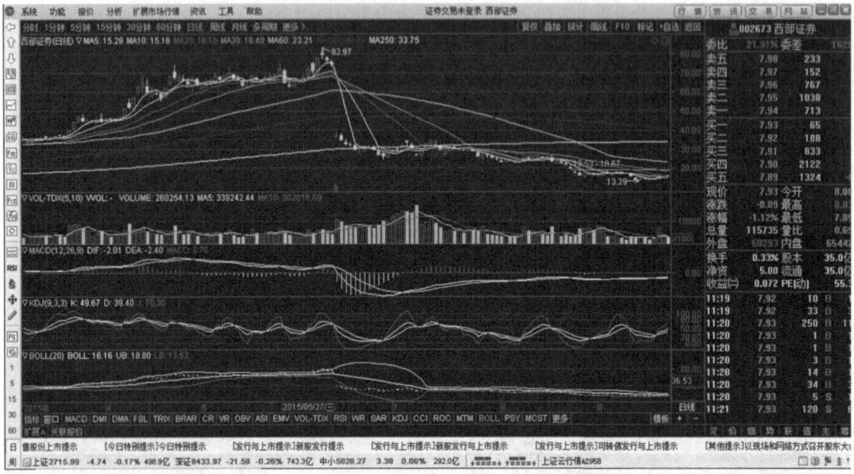

图 2－14　三大行情实例之西部证券

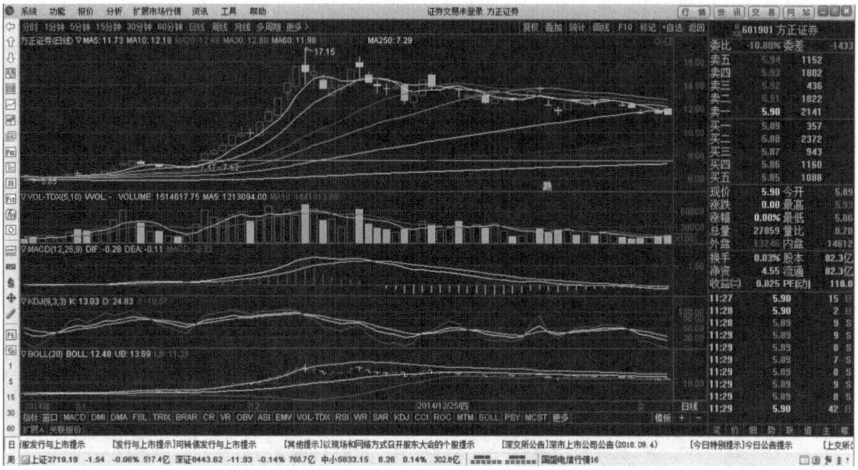

图 2－15　三大行情实例之方正证券

第三节　股市动能与动量定理

一、股市动能定理和股市能量守恒定律

应用股市动力学三大运动定律，原则上应该可以求出股票的涨跌运动规律，但由于股票运行并非像实物体那样简单的直线或曲线运动，更多时候是波浪运动，而且很多问题的求解过程非常困难。如果运用有关的运动定理来处理这些问题，常常能使问题的解决变得十分简便，这些运动定理为动力学问题的解决提供了一套行之有效的辅助方法。在这里我们建立功与能的概念和它们的计算方法，并研究与股票运动有关的能量——动能和势能。

在催化剂外力 f 的持续作用下，股票会移动一段位移。外力对股票做的功 w 为外力 f 在位移方向上的分量与位移大小 s 的乘积，用数学式表示为 $w = fs$。功率 p 为单位时间所做的功，用数学式表示为 $p = dw/dt = fds/dt = fv$，即催化剂外力 f 对股票的瞬时功率 p 等于催化剂外力 f 与股票在该时刻速度 v 的乘积。

催化剂外力对股票做功 w，股票的运动状态就会发生变化，它们之间存在什么关系呢？

$dw = dfs = dmas = mdvds/dt = mvdv$

催化剂外力做的总功为 $w = \int dw = \int mvdv = 1/2m\ (v_2^{\ 2} - v_1^{\ 2})$，即催化剂外力对股票所做的功等于股票动能的增量，这就是股市动能定理。股票涨跌之后，动能耗尽则趋势运动终止，动能将完全转变为位势能，在整个运动过程中，动能与位势能相互转化，但总能量保持不变的规律，即为股市能量守恒定律。

股市动能定理告诉我们，股票动能增量的大小，取决于催化剂外力所做的功，催化剂外力所做的功则取决于催化剂外力的大小。由此可见，催化剂外力评价十分重要，即催化剂定性。催化剂外力有没有能力改变公司业绩、有没有能力改变公司估值，是决定催化剂外力大小的重要因素，需要做实质性调查和评价。在股市投资过程中要尽量选择能够带来实质性利益的催化剂，比如具有核心竞争力的技术研发的成功、国家政策的倾向与扶持、重组和产品涨价，等等。在这里，笔者将股市所有外力催化剂做了一个大小排序，对投资者的投资交易有巨大的指导意义。排在第一位的是国际大的经济环境，将会直接引发牛熊市，比如 2008 年全球经济危机导致各国证券市场先后进入熊市，中国股市则从 6124 点一直跌到 1664 点，整个沪市跌了 72.83%；排在第二位的是国家意志、国家财政政策与扶持、国家货币政策以及国家股市政策，其中国家意志和国家财政政策与扶持往往将直接引发股票主升行情，相关板块技术面龙头上涨空间短期可达 100% 以上，如稀土保护政策下的稀土技术面龙头广晟有色从30元一直上涨到101元，1个月上涨237%，英洛华从10元一直涨到26元，不到1个月上涨160%；排在第三位的是公司层面的催化剂，包括技术面核心技术研发成功，资金面重组、引入新的大财团的定向增发、大财团举牌和大股东增持高管增持等，业务面项目中标，业绩面扣非后业绩大涨，产品面产品涨价，市场面供求关系以及各市场间连带关系等；排在第四位的是重大事件，如地震有利于灾后重建板块、疫情有利于医药板块等；排在第五位的是普通概念、题材，包括高送转等。

在国家稀土保护政策的大催化剂作用之下，广晟有色和英洛华等一批稀土上市公司纷纷走出一波主升行情（见图2-16、图2-17）。

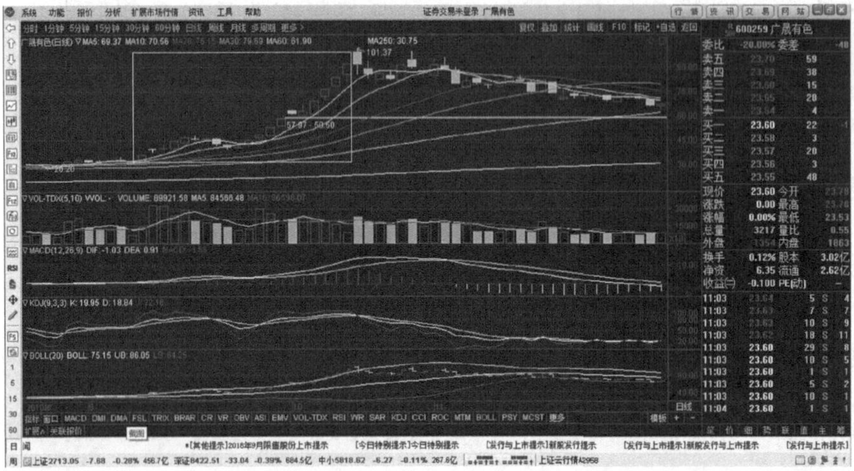

图2-16　国家稀土政策催化下的广晟有色

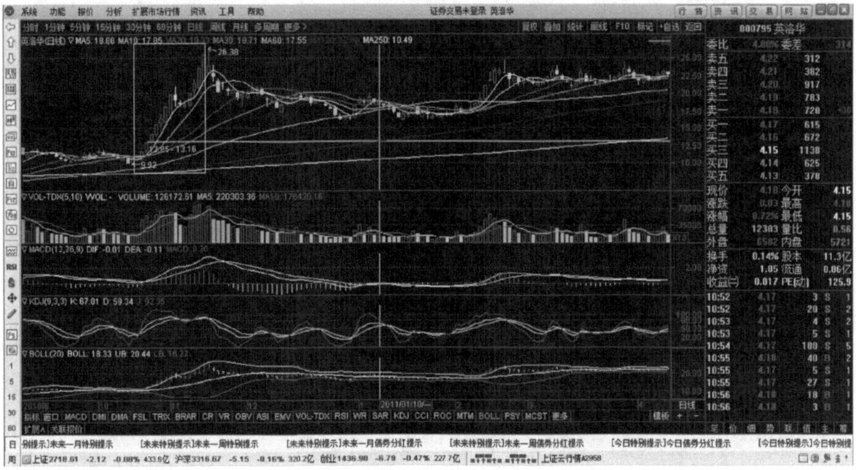

图 2－17　国家稀土政策催化下的英洛华

股市能量守恒定律告诉我们，股票涨跌过程中，动能和位势能相互转化，且整体能量保持不变。因此，动能越大股票，动能耗尽后，位势能也会越大，即股票位移也会越大，股价涨跌也就越大。如果是上涨运动，动能大的股票，带来的涨幅就越大，利润就越可观，值得好好把握；如果是下跌运动，动能大的股票，带来的跌幅就越大，风险就越大，必须及时坚定地放弃与远离。此外，动能与位势能会相互转化，当动能消耗过大，正负位势能过大，导致位势能转变为反向动能，容易引发调整、出货或反抽反弹，直到反向动能耗尽。如果是上涨运动，正位势能过大的股票，必须立刻离场；如果是下跌运动，负位势能过大的股票，在重要支撑位处可以适当短线介入交易。

图 2－18 的中信证券与图 2－19 的兴业证券均为大动能推动下的主升行情。

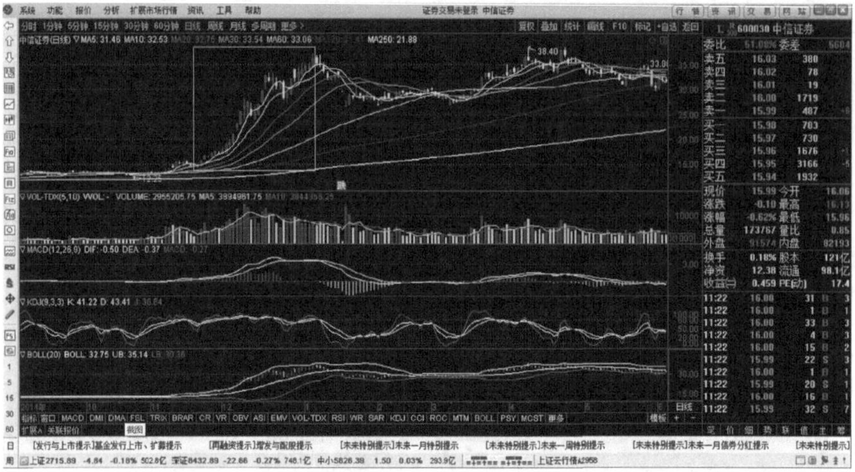

图 2-18　大动能推动的主升行情之中信证券

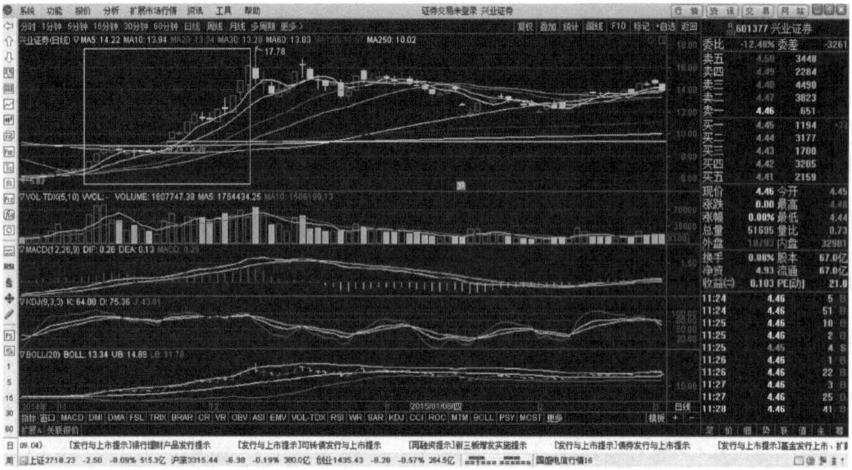

图 2-19　大动能推动的主升行情之兴业证券

二、股市动量定理和股市动量守恒定律

催化剂外力作用在股票上，可使股票的动量 p 或涨跌速度 v

发生变化。股市动力学第二运动定律的微分形式为：

$$f = dp/dt = d(mv)/dt$$

上式可推理成：

$$fdt = dp = d(mv) = mv_2 - mv_1$$

式中 fdt 就表示催化剂外力 f 在时间 dt 以内的积累量，叫作在 dt 时间内催化剂外力的冲量。积分后得出，时间 t 内催化剂外力的冲量，等于在此时间内股票动量的终始差值，其物理意义是：在给定时间内，催化剂外力作用在股票上的冲量，等于股票在此时间内动量的增量，这就是股市动量定理。股票运行中，股票往往不只受单一催化剂外力影响，而是多重外力的合力决定其运动状态。股市动量守恒定律指的是当合外力为零时，系统的总动量将保持不变。

股市动量定理告诉我们，股票动量增量的大小，取决于催化剂外力的冲量，催化剂外力的冲量则取决于催化剂外力的大小。由此可见，股市动能定理与股市动量定理有异曲同工之效。此外，动量定理给投资者还送了一份大礼，即 ft = mv 中 t 给出的启示：时间催化剂。时间催化剂包括每年春节催化的猪肉、白酒板块，每年 3 月的“两会”催化的农业等主题板块，五一国际劳动节、十一国庆节催化的旅游板块，“双十一”催化的物流板块，中国举办的国际大赛事催化的体育板块，重大纪念日催化的相关主题板块，等等。相比较空间催化剂，时间催化剂更容易把握和操作，利益确定性非常好。

股市动量守恒定律告诉我们，如果合外力为零，股票将保持原来的运动状态，并且动量守恒。因此，在股市里，投资者应当选择向上运动的股票作为投资标的，买入并持有。但在股市中，合外力为零的状态并不存在，至少股市永远存在重力的作用。因此，当我们选择向上运动的股票作为投资标的时，并不能一直永远持有。投资者应当将股市动量守恒定律与股市物理学其他原理定律相结合，分析股票的能势和拐点，在股票运行的顶部区域，即拐点来临之前，将股票及时果断卖出，以避免股票高位势能带来的大比例风险。

图 2－20 的盛和资源与图 2－21 的欧比特就是高位势能带来的大比例风险。该风险大小与上涨催化剂对公司业绩影响度以及大盘环境等因素有关，催化剂对公司业绩越正催化作用以及大盘环境越好，则回落风险越小，反之回落风险越大。

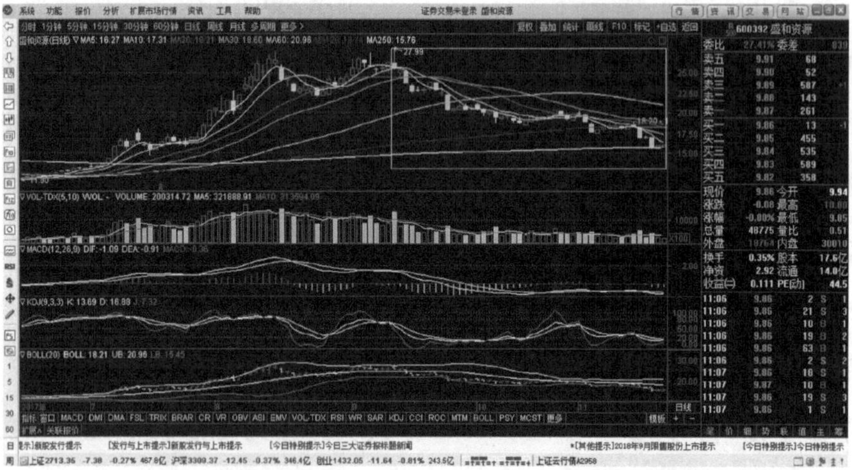

图 2－20　高位势能大比例风险之盛和资源

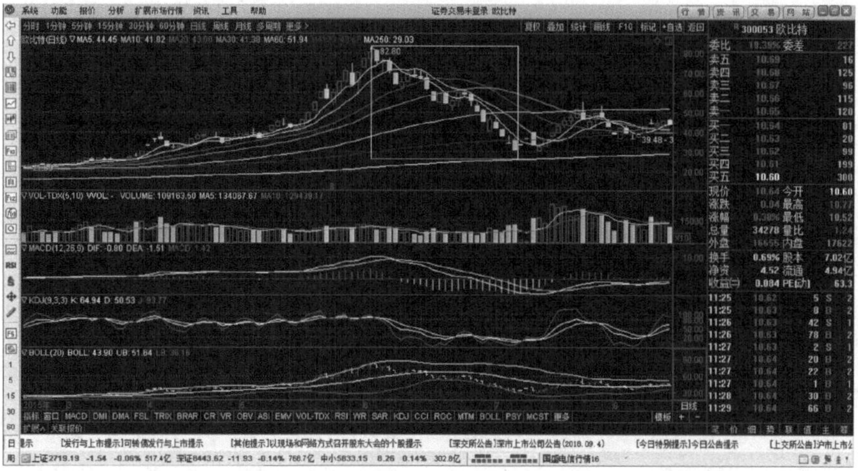

图 2－21　高位势能大比例风险之欧比特

第三章

以物理运动学逻辑看股市运行

运动是物质的属性，股市既然也是物质，就必然也有运动属性。那么股市如何运动，其运动规律如何？只要能掌握好股市的运动规律，股市投资便有了科学规律的指引，操作便有了科学依据。

第一节　股市运动学相关概念

一、股票质点、板块引擎、大盘系统

客观世界告诉我们，任何物体都有一定的大小、形状和内部结构。物体运动时，内部各点的运动情况常常是不相同的。为使问题简化，当物体的大小和形状在所研究的问题中不起作用，或所起的作用可以忽略不计时，可以近似地把此物体看作一个没有大小和形状的理想物体，称为质点。质点是实际物体在物理运动学里的一种理想物理模型，它具有质量，同时它已被抽象为一个几何点。巧合的是，股市里，股票正好是一个天然的不需要理想化的质点。一个没有大小和形状的有质量的股票质点，其质量为其股票市值，是流通盘与股价的乘积。物理运动学研究的就是理想质点的运动规律。

由于质点运动具有绝对性，又具有相对性，因此物理运动学在研究质点运动时必须先确立一个参考系，因为在不同的参考系下，同一质点的运动形态、位移、速度、加速度都可能不同。在股市里最大的不同就是：股市并不理会相对运动，股市关注的是系统内的绝对运动以及绝对运动带来的位移；股市要研究的不只是股票质点运动，还要研究系统运动。因此，股市不关心参考系，而关心系统。股市里选择的系统就是整个大盘和市场，股市系统就是大盘系统、市场系统；板块则是使大盘系统运动起来的引擎，即板块引擎。

图3－1到图3－4即股市大盘系统，股市大盘犹如一列多板块引擎的火车；股市有很多板块，图3－5是证券板块指数，板块犹如火车中带引擎的车厢；中国股市几千只股票，股票犹如车厢里的乘客。股票质点的运行空间一般就在板块车厢之内，最大化也就只在大盘列车空间之内，位移极其有限，股市质点只有借助大盘系统列车才能完成从始点到终点的运动全过程。乘客从起点到终点一定要选择好需要乘坐的列车，与此类似，股市投资中，投资者首先要做的就是选择大盘系统，即选择市场。

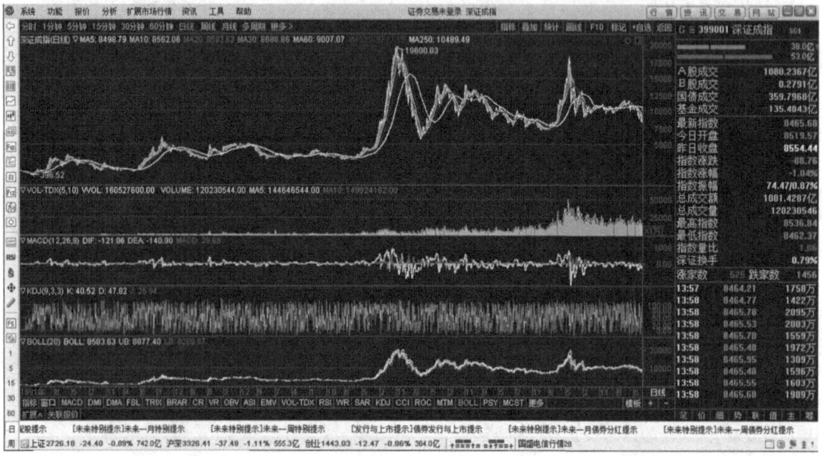

图3－1　上证指数

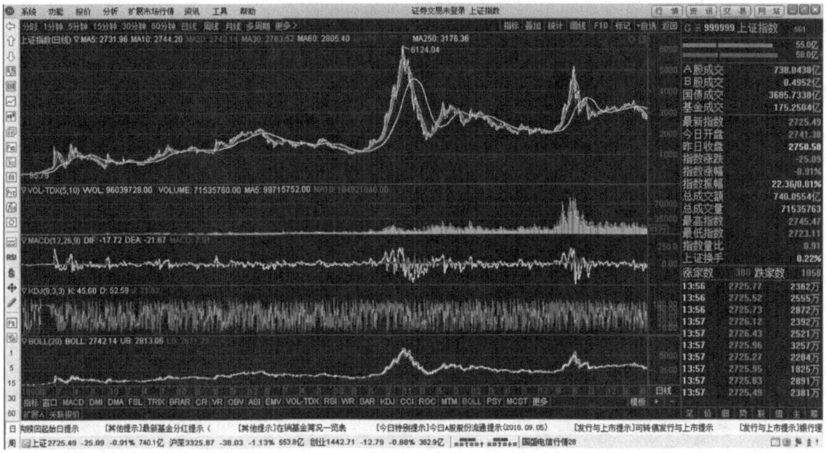

图 3－2　深证成指

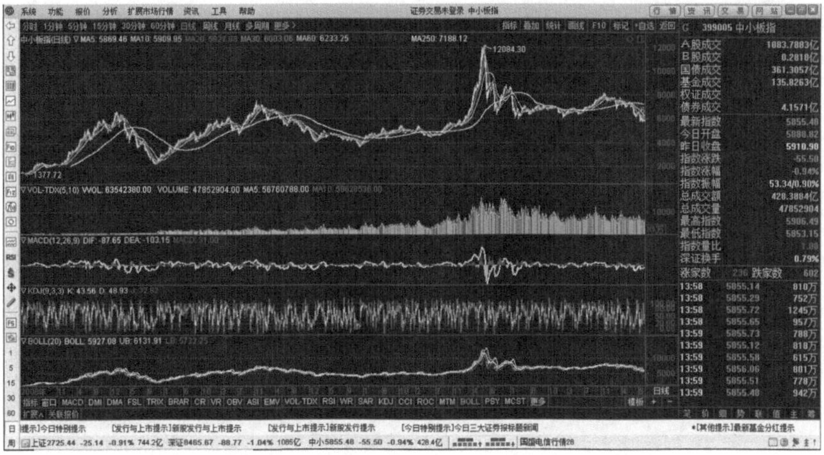

图 3－3　创业板指

不是每一种市场都适合做投资，比如长线熊市或中线主跌市场，都是投资者应该回避的系统，因为系统风险太大，绝不可盲目而单向去选择所谓抗跌股票和逆市上涨股票。股市最忌讳就是逆市操作，过度相信自己的炒股技术，结果只能导致巨亏，甚至破产。原因很简单，一位打算北上的乘客，却坐上了一辆南下的

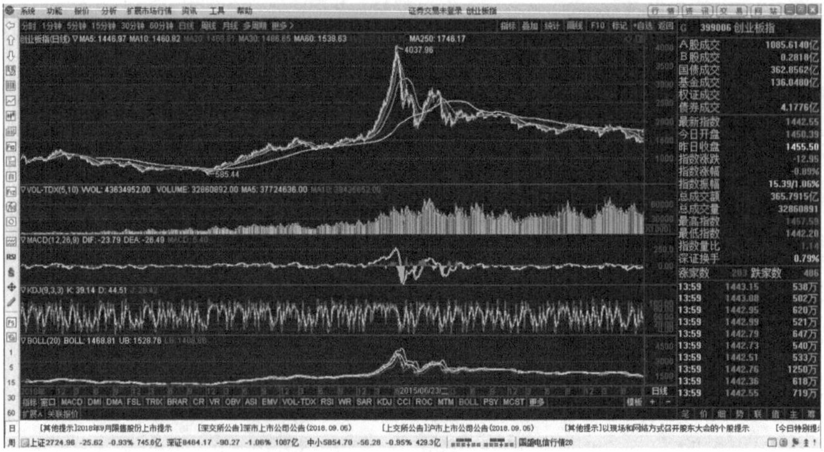

图 3-4　中小板指

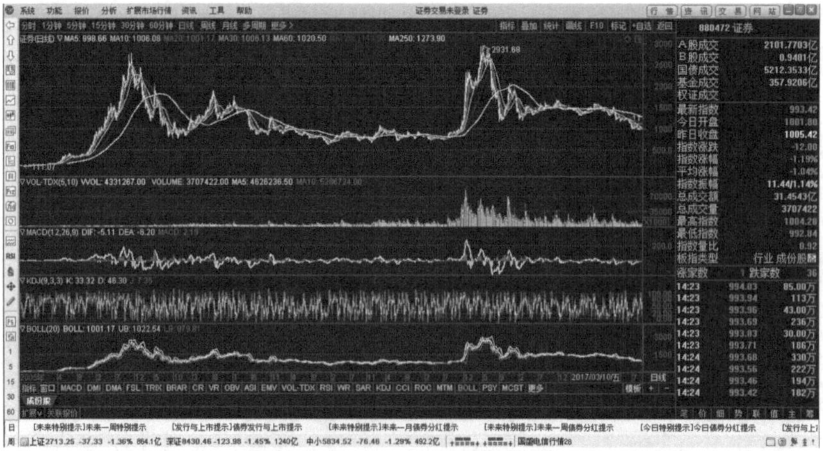

图 3-5　证券板块指数

火车，如果他不下车，那么他能北上的空间最多只能是从车头走到车尾，然而最终列车还是会把他带到南方，让他与北方越来越远。同样地，主跌市场下，所有的抗跌股票和逆市上涨股票都会补跌，一旦补跌，跌幅不会小。

那么怎样的市场适合投资者投资呢？这点因人而异，因投资者技术实力的差别而异。一般来说，长线牛市和中线主升市场是适合投资者投资的。平衡市或盘整市则适合技术实力较好的投资者。

二、股票位置、涨跌位移、涨跌速度、涨跌加速度、势

在股票质点运动中，有几个重要的运动学概念需要熟悉：股票位置、股票涨跌位移、股票涨跌速度、股票涨跌加速度与势。这些信息可以从运动学 K 线图中获取。

股票质点的位置，顾名思义即股票在 K 线坐标系的空间位点。根据波浪理论可以大致判断股票的位置，以及趋势运动大致还剩多少空间。

股票运动时，位置将随时间发生变化，也即会发生位移。涨跌位移 $\Delta s = s_2 - s_1$。在股市中，涨跌位移即股价变化，投资者利润就来源于这个涨跌位移。投资者都希望能获得较大利润，即希望股票上涨的位移大些。

股票运动时，不同位置涨跌速度不同，$v = ds/dt$，即瞬时速度 v 等于位移 s 对时间 t 的一阶导数，也即单位时间下的股价变化，单位时间股票投资利润。涨跌速度越快，时间越长，涨跌位移就越大。因此快速增长的股票，是投资者首选。

为了描述股票质点涨跌速度的变化，引入涨跌加速度的概念，$a = dv/dt$，即加速度 a 等于速度 v 对时间 t 的一阶导数，或位移 s 对时间 t 的二阶导数。研究股票涨跌加速度的价值很多：其

一，上涨加速度大的股票，速度提升快；速度越快，位移越大，投资利润也就越大。其二，可以提前知道股票运行的拐点，即股票做减速运动时，离阶段拐点就很近了。

股票投资中，K 线技术面研究中有三个非常重要的趋势指标：形态、量与势。这里的势，指的是速度、加速度、动量与动能的集合体，而不是势能。势是决定股票运动位移大小的一个非常重要的因素，我们常说的炒股要买强势股，指的就是买速度、加速度、动量与动能都大的股票。当一只股票上涨时，速度、加速度、动量与动能都大，就容易冲破空头阻力，形成强势运行。

图 3－6 的北斗星通与图 3－7 的达华智能均有一段高速增长期，即为强势期股，强势期速度、加速度、动量与动能都大，故而在数个交易日内连连涨停板，在 10 个交易日内涨幅均在 100%以上，是趋势投资者的最爱。

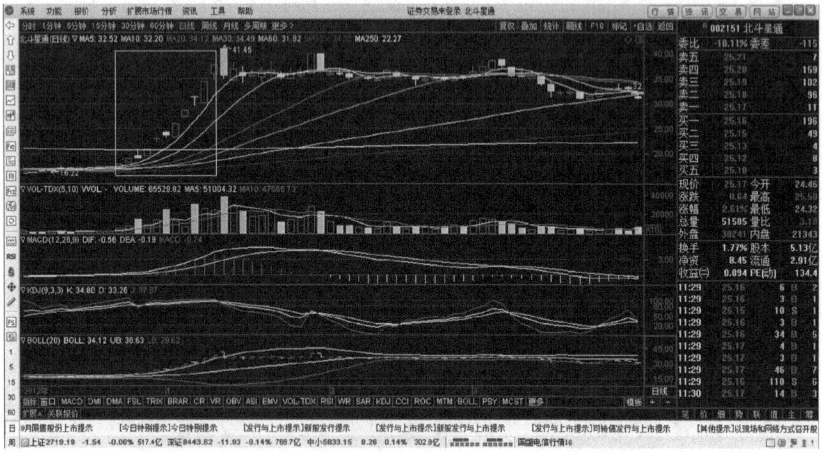

图 3－6　强势期股票之北斗星通

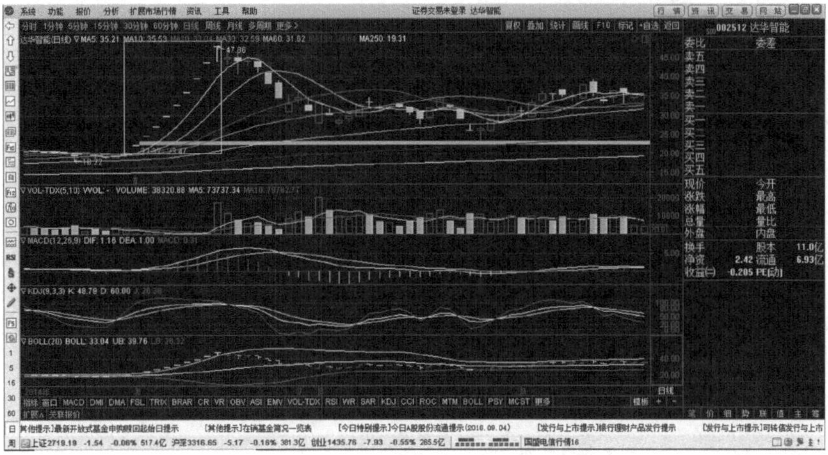

图 3－7　强势期股票之达华智能

第二节　股市运动行情

股票的涨跌是典型的运动现象，股票在股市的运动代表了股票的行情。股市里常见的运动有：价值运动、主趋势运动、反弹及调整运动、惯性运动和平衡运动；试探运动、确认运动；错误运动、纠错运动；引领运动、跟风补动，等等。

股民在股市里投资为的是获取利润，即股票上涨的位移。价值投资者是看重上市公司的动态估值潜力，与公司共成长，博取中长线利润。选取中线价值运动是价值投资者的首选，选择依据是较低的动态估值，股神巴菲特即这种投资模式。在国内，价值投资可以国家未来经济发展方向为行业标的方向，以行业龙头为价值投资个股标的。主升趋势运动是趋势投资者首选，利用催化剂外力的主升推动，获取股票高速增长期，利润大，效率高。惯性上涨运动、反弹运动、平衡运动的上涨阶段以及纠错上涨运动，也都是趋势投资者的选择，只要节奏踩得准，都能短时间内获得较好利润。

价值运动、主趋势运动、反弹及调整运动以及惯性运动前面已有实例，图 3－8 的卫宁健康与图 3－9 的通光线缆是处于平衡运动期的实例。平衡运动期，股价在箱体中平衡震荡，上碰箱体顶则回落，下碰箱体底则反弹。箱顶回落前信号一般是放量滞涨或缩量上涨，箱底反弹前信号是缩量止跌或放量滞跌。其可操作性由箱体振幅大小和信号清晰度决定，振幅越大，交易可操作性和利润越大，信号清晰度越高，操作节奏则越好把握。成功向上突破平衡箱体运动需要放量中长阳线配合，并有效站稳 3 天以上时间，向下砸破平衡箱体运动，需要放量中长阴线配合，并有效跌破 3 天以上时间。

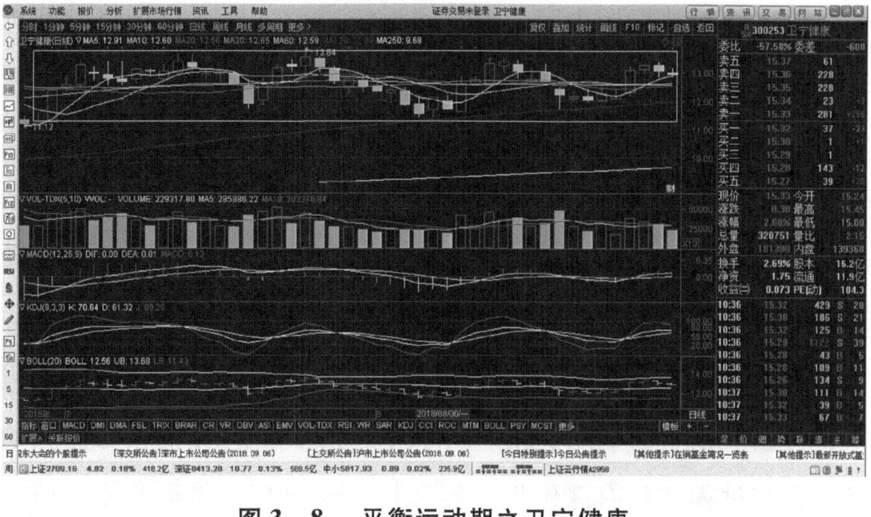

图 3－8　平衡运动期之卫宁健康

试探运动，顾名思义，就是试探性运动，当股票要改变其运动状态时，如果没有强催化剂外力的作用，常常会选择先试探市场反应。如果试探运动被市场强烈否定，上涨或下跌空间被穿头破脚地覆盖，则试探运动失败，市场将沿着原方向继续运行；如

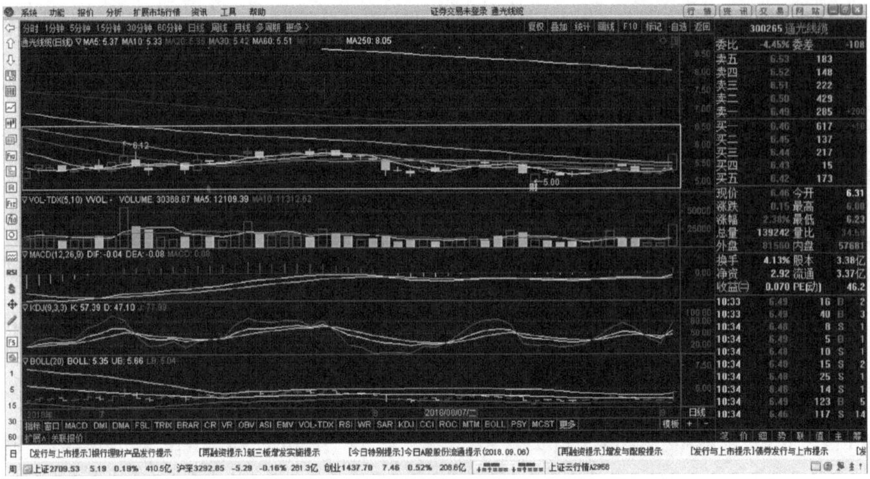

图 3－9　平衡运动期之通光线缆

果试探运动未被市场否定，则试探运动成功，那么市场将沿着试探方向展开主行情运动；如果试探运动被市场否定，但并不强烈，则还会有再一波试探运动，然后反反复复，直到试探结果比较明确，之后市场沿着比较明确的方向运行。这三种对试探运动的验证过程，即为确认运动。确认运动与试探运动是相反的运动过程，运动方向相反的确定性很明确，因此当试探运动为下跌运动时，确认运动就是上涨运动，这个上涨的确认运动确定性很好，可以被投资者利用交易，特别地，对于主升行情强势龙头的确认上涨过程往往有涨停板，甚至几个涨停板，值得交易。但确认运动有强有弱，所以对于非龙头强势股，一旦选择了确认运动交易，要把握好低吸高抛的节奏和使用量化交易化解风险。

图 3－10 的中科金财与图 3－11 的赢时胜在下跌之前均有试探与确认运动过程。下跌试探被确认成立后，则正式开启下跌运动。

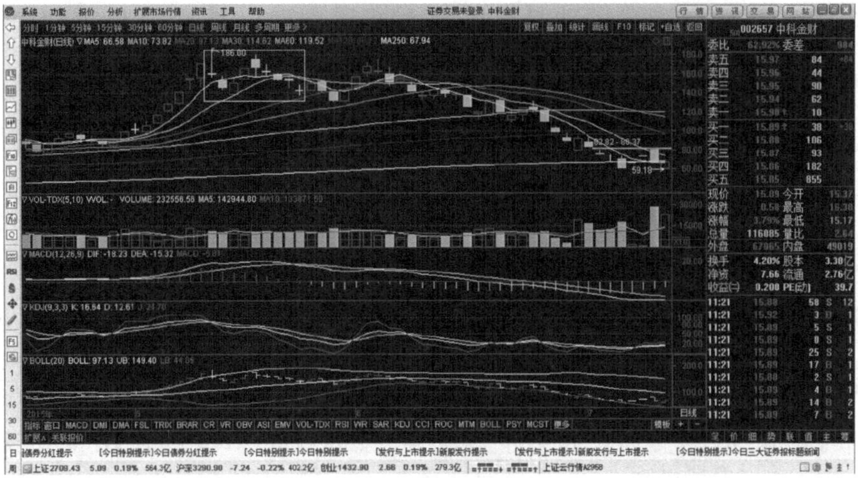

图 3－10　试探与确认运动之中科金财

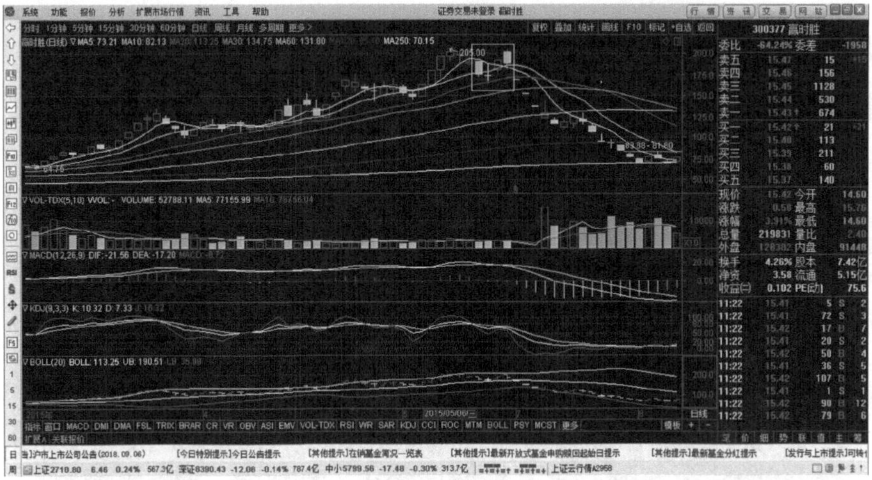

图 3－11　试探与确认运动之赢时胜

错误运动，主要指错误的逆市运动。中线主跌市场的股票抗跌与逆市上涨，中线主升市场的股票拒涨与逆市下跌（有明显实质性个股利空除外），都属于错误运动。既然是错误运动，就一定迟早会有纠错过程，即纠错运动。既然错误运动迟早必纠错，那么当错误运动是抗跌或上涨运动时，就必须坚定远离，而不能抱有盈利幻想。纠错运动与错误运动是相反的运动过程，运动方向相反的确定性很明确，因此当错误运动为拒涨或下跌运动时，纠错运动就是上涨运动，这个上涨的纠错运动确定性很好，也可以被投资者利用交易，特别地，对于主升行情强势龙头的纠错上涨过程往往有涨停板，甚至几个涨停板，值得交易。但纠错运动也有强有弱，所以对于非龙头强势股，一旦选择了纠错运动交易，也要把握好低吸高抛的节奏和使用量化交易化解风险。

图 3－12 的斯太尔与图 3－13 的大通燃气面对熊市中长下跌逆市主升属于错误上涨运动，因此在图 3－14 的上证指数与图 3－15 的深证成指继续下跌之后，开启纠错运动，怎么涨上去怎么跌回来。

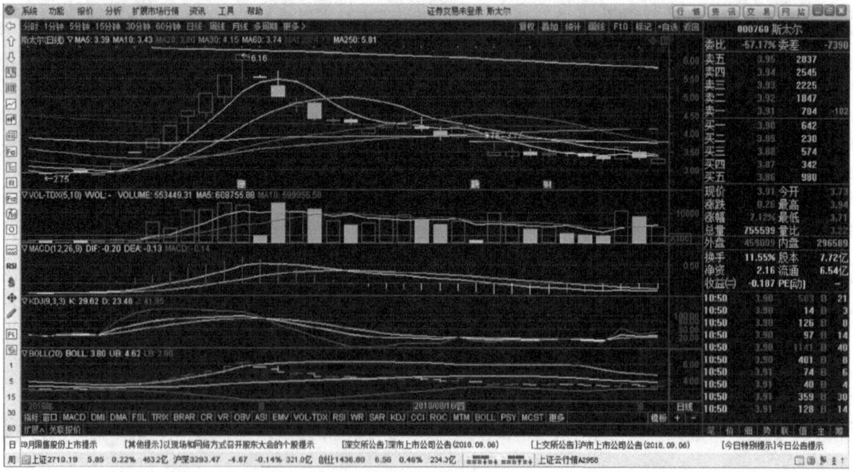

图 3－12　错误运动与纠错运动之斯太尔

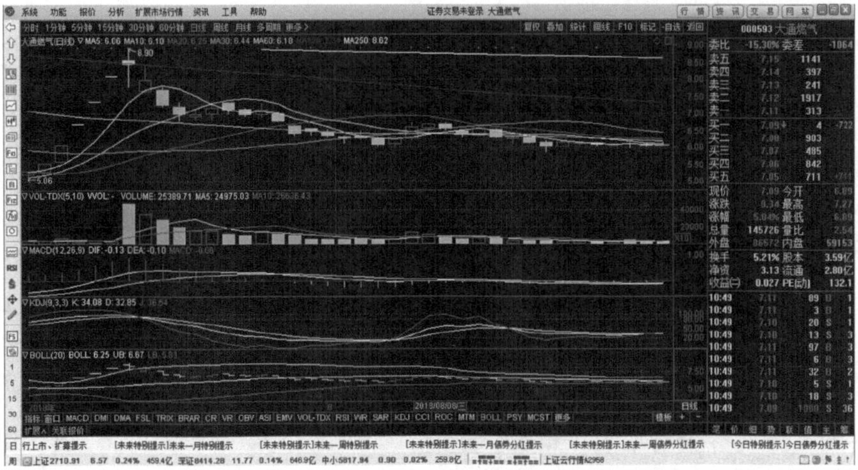

图 3 – 13　错误运动与纠错运动之大通燃气

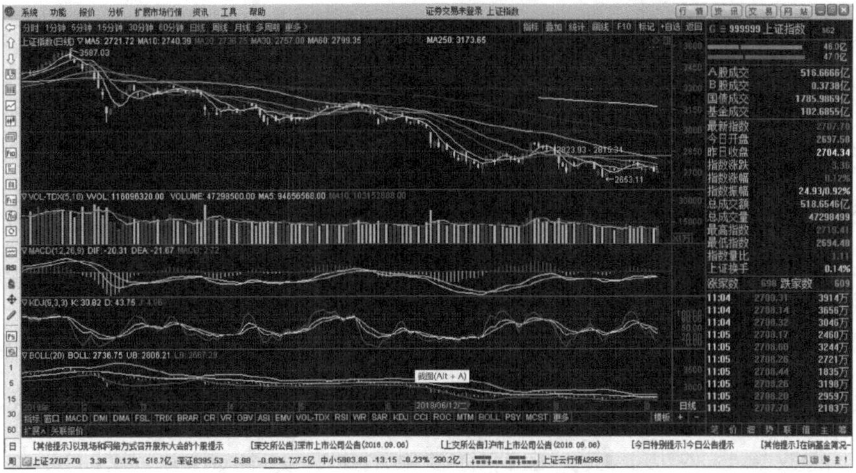

图 3 – 14　中长线下跌期之上证指数

引领运动，即一波主行情的引擎运动。任何一波主行情，无论是上涨还是下跌，都会有引擎引领运动，即龙头的运动。如果主行情是上涨运动，那么龙头引领运动就非常可观，是投资者的首选。有句话“永远只炒龙头，永远热泪盈眶”，讲的

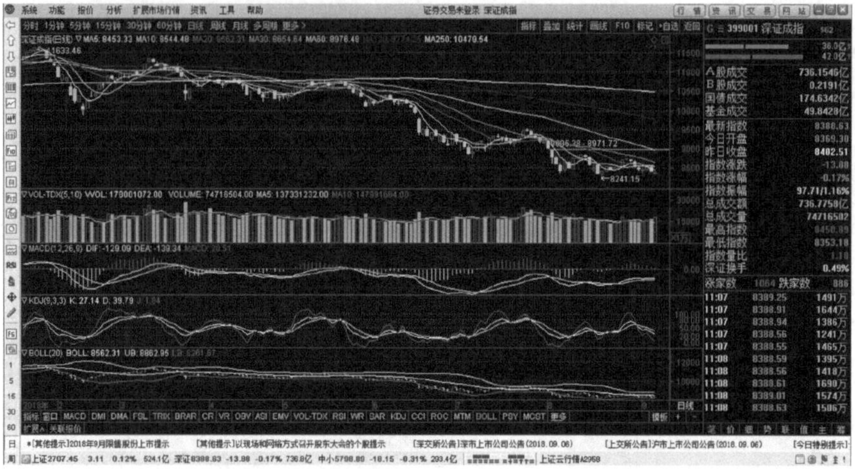

图 3－15　中长线下跌期之深证成指

是龙头股对投资者的巨大回报，会让投资者热泪盈眶；相反，如果主行情是下跌运动，那么龙头引领运动就非常风险，是投资者绝对必须回避的。有了引擎的引领，就会有其他股票的跟风，即跟风补动。如果主行情是上涨运动，那么其他股票就会跟风补涨，这部分跟风补涨运动一般也是确定性很好，也可以作为投资者交易的一种牟利模式；相反，如果主行情是下跌运动，那么跟风补动也必须回避，虽然不是领跌，但主行情下跌，其他股票必然也下跌，正所谓覆巢之下，岂有完卵，城门失火，殃及池鱼。

图 3－16 的西部证券是证券板块行情的引领运动，技术面龙头个股，涨幅 100% 以上；图 3－17 的广发证券、图 3－18 的山西证券以及图 3－19 的中信证券属于跟风补动，板块内补涨股票，涨幅只有 30%—40%。

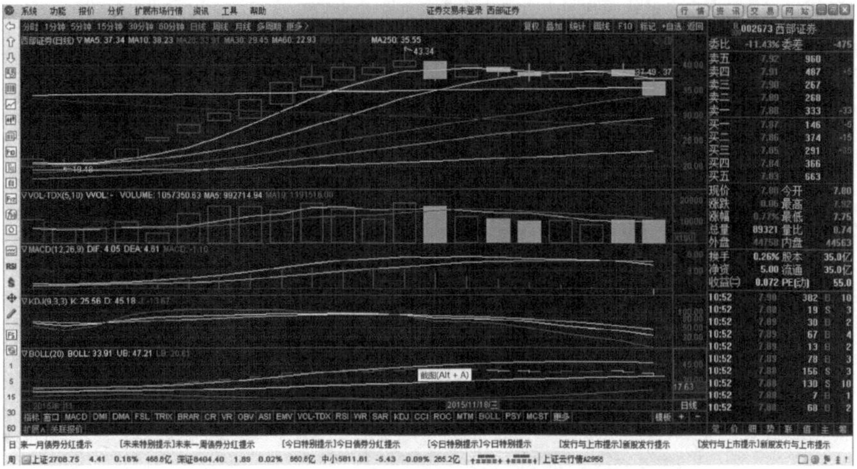

图 3－16　引领运动之西部证券

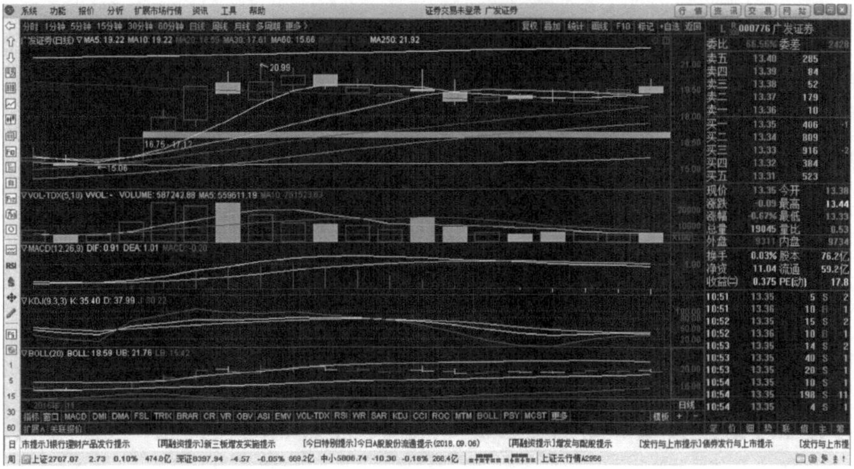

图 3－17　跟风补动之广发证券

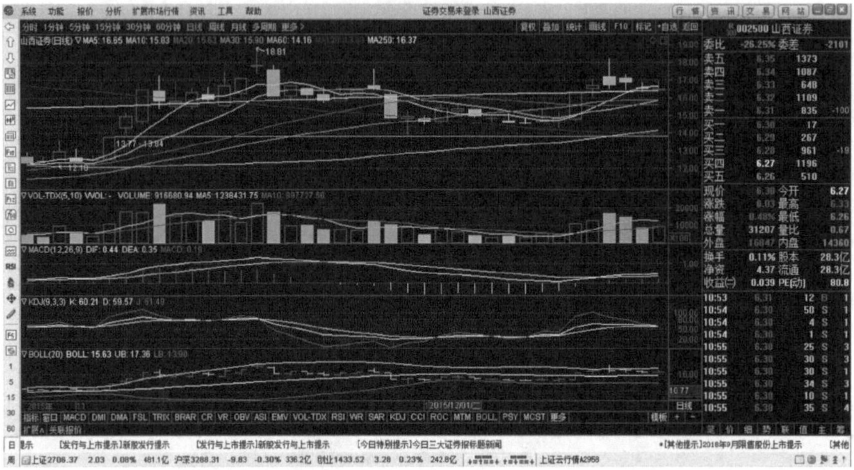

图 3-18　跟风补动之山西证券

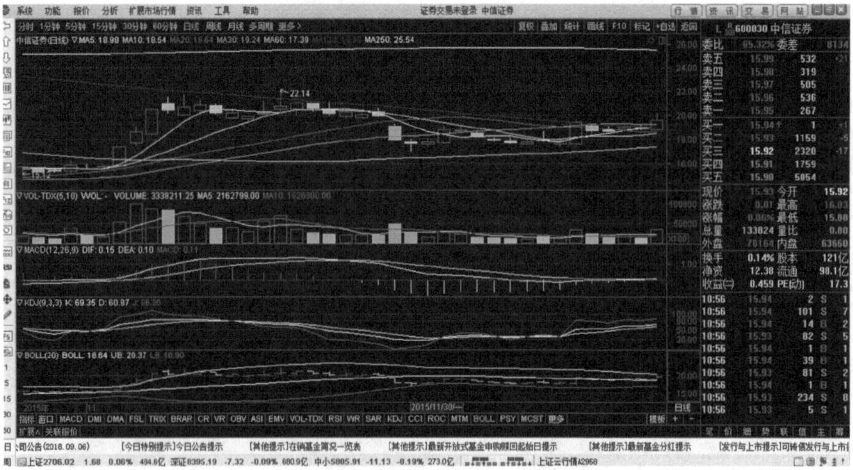

图 3-19　跟风补动之中信证券

第三节　股市运动轨道与轨迹理论

股市的涨跌既然是运动现象，那就必然有轨道和轨迹。实物体的运动都在轨道上运行，脱轨则意味着危险；股指和股票也在轨道上运行，但脱轨有时是风险，有时却是利益，主要看上脱轨还是下脱轨（下脱轨为跌破，是风险；上脱轨为突破，是利益）。实物体的运动必有轨迹，有轨迹但未必留痕；股指和股票的运动也有轨迹，不仅留痕，而且有规律可以加以利用。

一、股市运动布林轨道理论

由 K 线组合顶点间连线形成上轨，由 K 线组合底点间连线形成下轨，便形成 K 线形态上升通道或下跌通道，此为 K 线通道理论。股市轨道理论最有名的就是由美国股市分析家约翰·布林发明的布林（Boll）轨道理论，有上轨、中轨和下轨。上轨为股价压力线，中轨是股价平均线，下轨为股价支撑线。在股市运行中，布林轨道线是一种技术指标，被用作研判股价走势，通过股价所处轨道内的位置，评估股票走势的强弱，上轨代表强，下轨代表弱。运用布林轨道进行买卖操作，具有节奏操作意义。

一般来说，股价上升穿越布林轨道线上轨时，回档概率大；股价下跌穿越布林轨道线下轨时，反弹概率大；布林轨道线震动波带变窄时，表示变盘在即。对于一般的股票，这些规律是比较实用的，并且可以用来指导实盘操作。然而，对于极强势的主升行情下的龙头股和极弱势的主跌行情引领股则不适用。极强势的主升行情下的龙头股，由于其势极强，所以上涨速度、加速度、动量及动能都很大，股价能够冲破压力，一直运行于上轨而不跌落，如果此时认为回档概率大，就会卖出股票，导致错失迅速获利的大好机会；极弱势的主跌行情引领股正好相反，股价会一直沿着下轨下跌，并不反弹，一旦介入将不断亏损。

图 3－20 的盛和资源与图 3－21 的中元股份的快速增长期是典型的强势期龙头个股走势，高速期天天“一”字形涨停板，没有任何调整。此时它们的上涨速度、加速度、动量及动能都很大，股价冲破压力，一直运行于 Boll 线上轨而不跌落。不可因触碰了上轨就简单卖票，必须配合多种拐点信号才能卖票，否则错失迅速获利的大好时机。

布林轨道线常见有三种喇叭形态：开口喇叭、缩口喇叭和紧口喇叭。开口喇叭随量能逐步放大和股价向上运行时，容易出现加速上涨行情，如果强势回调不会有效跌破中轨，容易出现主升行情，其位移非常可观，必须好好把握。股价经过快速增长期之后，上下轨道距离越来越大，此时随着成交量逐步减少，股价在

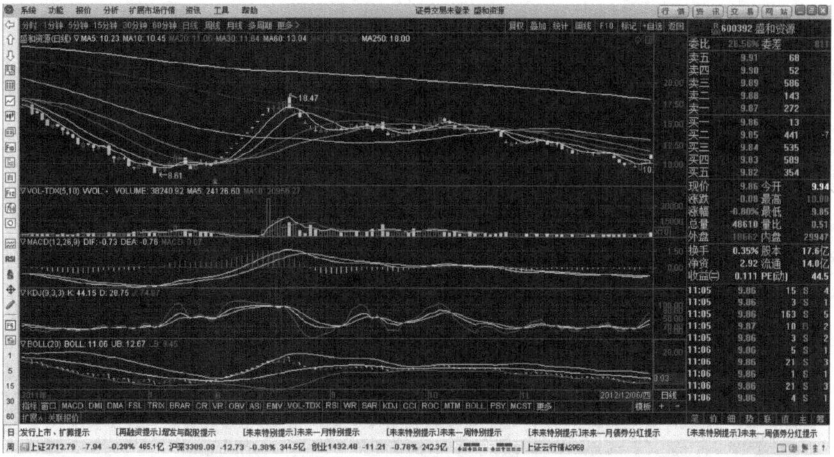

图 3－20　强势龙头股票盛和资源的 Boll 线

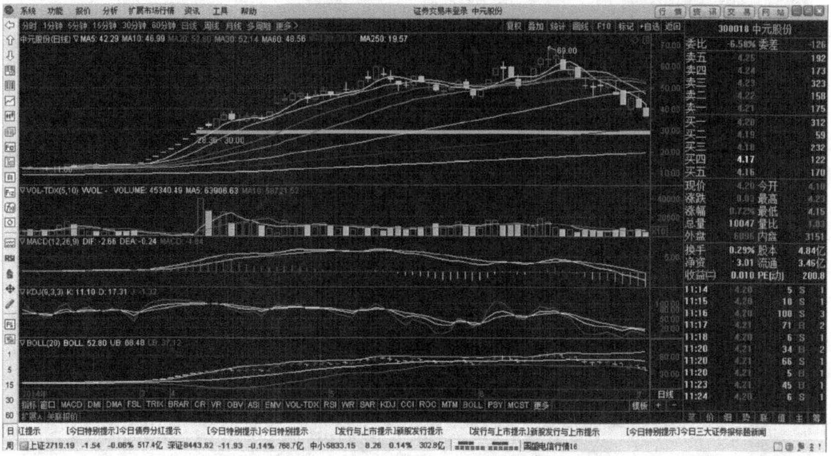

图 3－21　强势龙头股票中元股份的 Boll 线

高位下跌，上轨便会急速掉头向下，而下轨此时还在上升，就形成缩口喇叭。缩口喇叭一旦形成，股票进入主跌运动状态，必须及时回避风险。缩口喇叭，运行一段时间后，量能极度萎缩，布林轨道线进入紧口喇叭形态，上下轨道与中轨贴近，便开始股票的相对窄幅通道期，这个相对窄幅通道可以平衡箱体，也可以是窄幅下跌通道或窄幅上行通道。一般来说，根据喇叭口形态，可以判断股票目前大致所处的运行状态。

图 3－22 的中色股份与图 3－23 的中钢天源分别经历了主升上涨运动，下跌运动和平衡箱体震荡运动的布林轨道开口喇叭、缩口喇叭和紧口喇叭形态。

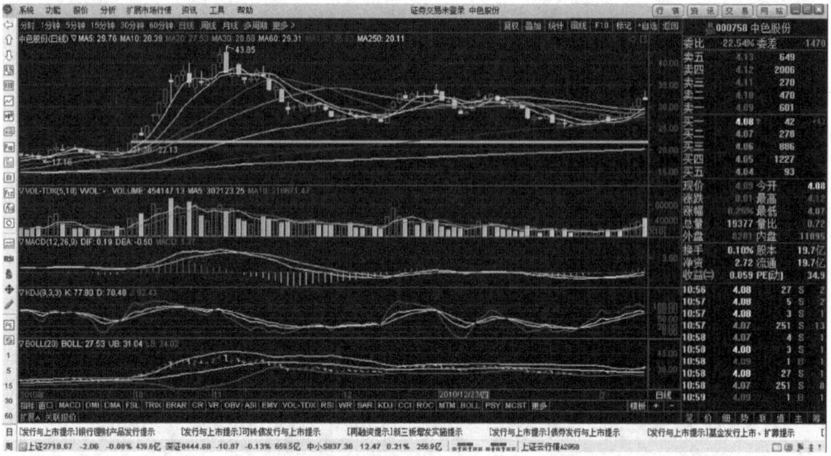

图 3－22　三种喇叭形态之中色股份

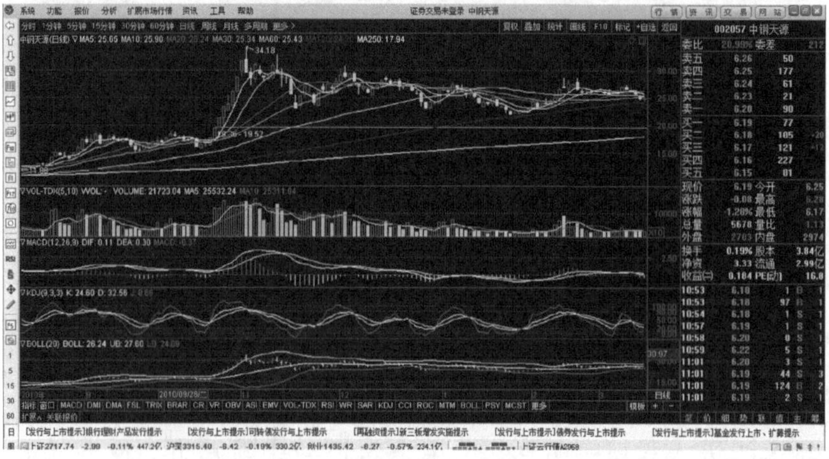

图 3－23　三种喇叭形态之中钢天源

二、股市运动意势轨迹理论

股市运动意势轨迹理论是以艾略特波浪理论为基础发展而来，更完整体现股市运动轨迹的内在原因和规律，促进了股市运动轨迹理论的发展。

（一）股市运动波浪轨迹理论

股市轨迹就是大盘、板块和股票运行的痕迹，该痕迹具有普遍性的规律：波浪轨迹。艾略特将这种股市波浪运行痕迹的规律总结出非常有名的经验理论：波浪理论。波浪理论可分为三部分：其一是波浪的形态，其二是浪与浪之间的比例，其三是时间。

可是为什么波浪理论是正确的，是成立的？正如人们所熟知，实物体运动都是简单直线或曲线运动，既然股票也是物质，为什么股票不是直线运动或曲线运动？如果不能科学地解释，作为经验理论的波浪理论，其正确性或准确性可是要值得怀疑了。然而，科学可以解释波浪理论的正确性。物理动力学第一运动规律科学地告诉人们外力是改变物体运动状态的原因，股票运动的外力有根本外力和直接外力。根本外力是国家意志、政策倾向、技术研发、概念和题材等，而直接外力，也就是直接改变股票运动状态的，是投资者在根本外力作用下的心理、欲望和策略，这些心理因素是股票运动状态发生变化的直接原因，直接导致投资者资金流向发生变化，推动股票运动状态发生变化。也就是说，股票运动本质上反映的是投资者的心理运动。

笔者在长期的哲学思考与心理学研究中，创造性地发现了人类的意识和心理是一种载有感官信息的电磁波，虽然目前还不确定其生理机理，但意识和心理电磁波可以用仪器检测和记录。有别于实物体的物质，电磁波以波浪形式运行，如图 3 – 24 所示。股票运动反映投资者的心理运动，投资者的内心心理、意识欲望以及策略等直接导致投资者相应的操作，故此股票运动也以电磁波浪形态运动。但与单一电磁波不同的是，股票运动反映众多投资者的心理运动，故此股票以众多波的干涉后的复合电磁波形态运行。当多头电磁波意愿与能量获胜，则股票沿着多头方向运行，并且多浪长度大于空浪，当空头电磁波意愿与能量获胜，则股票沿着空头方向运行，并且空浪长度大于多浪，这是波浪理论成立的科学理论基础。因此，作为经验理论的波浪理论从此在股市里得以科学地成立，也给懂这些科学理论的投资者在投资实践

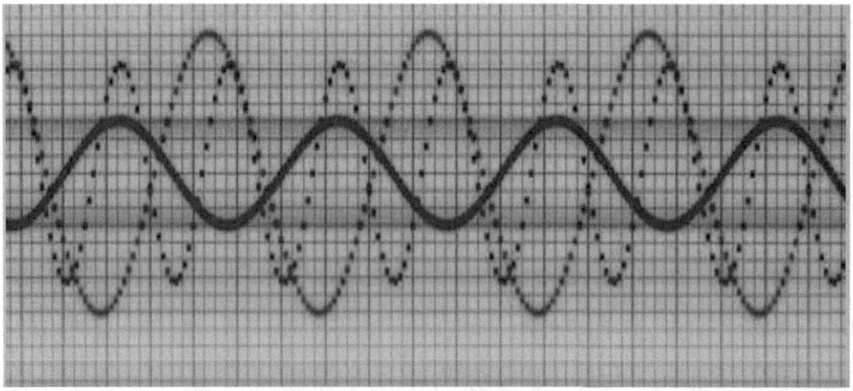

图 3 – 24　电磁波形态

中带来了信心。同时反过来，股市波浪理论也事实印证了人类意识是一种载有感官信息的电磁波的观点。

如图 3－25 所示，一次完整的波浪形态包含 8 个浪的完整循环，一般有两种波浪运行方式：驱动方式和调整方式。驱动方式一般采取五浪形态展开，其中正向运动分别为第 1 个、第 3 个和第 5 个三个浪，逆向运动分别为第 2 个和第 4 个两个浪。调整方式一般采取三浪形态展开，其中正向运动分别为第 a 个和第 c 个两个浪，逆向运动为第 b 浪。驱动方式有 3 个规律：浪 2 永远不会回调过浪 1 的起点；浪 3 永远不是最短的一浪；浪 4 永远不会回调过浪 1 的顶点。调整方式有一个规律：浪 b 一般不会反弹超过浪 a 的顶点。

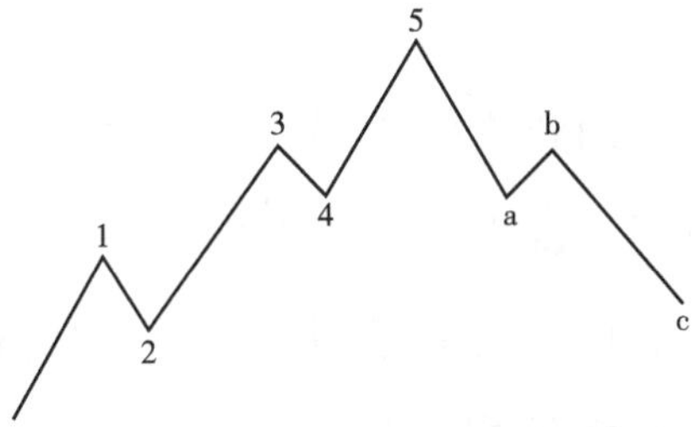

图 3－25　一次完整波浪形态

如图 3－26 所示，由于波浪形态往往浪中有浪、波中套波，因此可以进一步细分，得出更加无穷尽的细小浪形出来，即大的波浪中有中级的波浪，中级的波浪中有小级的波浪，小级的波浪中又可以划分出细级的波浪，依次类推出各种形态的波浪形态。

第 1 浪，是多头主力建仓或试探期，也称建仓浪或试探浪，

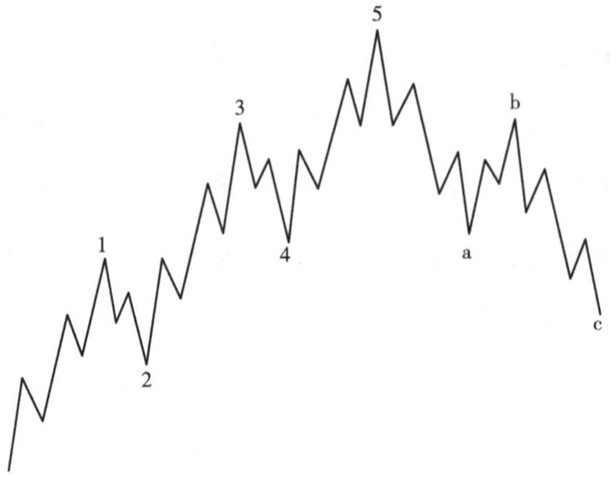

图 3－26　一次浪中套浪形态

意味着市场探底或盘底已经结束，市场结束下跌或盘整的趋势并开始上行。该浪有时不易识别，会被误以为是市场下跌或盘整中的反弹。

第 2 浪，是回踩调整或确认期，是对第 1 浪是否成立的确认过程，也是洗盘过程，洗出那些犹豫的浮筹。如果市场此时出现级别较大的调整，会使投资者感到迷惑，怀疑市场是否真的驱动浪到来，此时的浮筹极易被主力洗出。第 2 浪的回调有极强势回调（回调幅度在 23.6% 以内）、强势回调（回调幅度在 38.2% 以内）、普通回调（回调幅度在 50% 左右）、弱势回调（回调幅度在 61.8% 及以上）、极弱势回调（回调幅度在 76.4% 及以上）。如果第 1 浪较为短促，第 2 浪经常会回调接近第 1 浪的 100%，让投资者误以为确认过程失败，第 1 浪不成立。事实上，第 2 浪调整的底点只要高于第 1 浪的起点，即可视为第 2 浪的回调有效。

第3浪，是主升浪，人气被带动，增量资金不断涌入，进而推动股价不断攀升。第3浪可以再划分为低一级的5个波浪，使主升浪位移空间更大，时间更长。第3浪永远也不是最短的推动浪；相反，它常常是推动浪中最长的一个波浪。如果第1浪与第3浪长度相等，则第5浪有可能成为主升浪，也有可能成为失败浪。

第4浪，是回调浪，市场经过主升浪的大幅上涨后，股票位势过高，股价处在相对高位或者较高位，获利丰厚的敏锐投资者或主力机构开始计划派发手中的筹码以实现利润。其中回调比例与第2浪回调浪类似。第2浪和第4浪有时会以进攻锯齿形abc出现，第2浪的c浪底点不会低于第1浪顶点，第4浪的c浪底点不会低于第3浪顶点。

第5浪，是惯性浪，推动浪的末端。主力机构急于兑现手中筹码，股价转为下跌成为必然。因此第5浪常常很短，有时候甚至是失败浪，只有“意”，却看不到“形”。

a浪，是三个调整浪的第1个波浪，宣告推动浪已经结束。主力此时有可能以试探方式展开，也有可能果断出货，这由市场环境和个股的主升强势程度决定。a浪回调时，有时部分投资者会误以为是第4浪的锯齿c浪，误以为升势未结束、以为回调是4浪底的买入好时机从而被套牢。

b浪，是调整浪中的反弹浪，是投资者最后的逃命机会。反弹幅度由市场环境和个股的主升强势程度决定。在牛市中，强势龙头个股有时候b浪反弹高度甚至超过主升第5浪，极其容易导致投资者误以为多头行情还未结束，并对后期走势寄予希望。

c 浪，主跌浪，杀伤力极大的波浪。市场机构在 b 浪完成成本出货后，剩下的利润可以不计价格果断卖出，尤其 b 浪如果只是弱势反弹时，更会坚定主力迅速出货的决心。c 浪的下跌末期，将有反复的探底和较长时间的盘底过程。盘底过程的尾端，会有一部分先知先觉的机构、投资者悄悄吸筹，再配合市场重大利好的出现，发起下一波驱动浪。

波浪比例，反映了人类的心理波动空间的比例，一般符合黄金分割率。具体来说，在驱动模式中，第 2 浪会回撤到第 1 浪整体幅度的 23.6%、38.2%、50%、61.8% 以及 76.4% 左右。第 3 浪主升的幅度是第 1 浪整体幅度的 161.8% 或者 261.8% 左右。第 4 浪会回撤到第 3 浪整体幅度的 23.6%、38.2%、50%、61.8% 以及 76.4% 左右，第 5 浪惯性运行的幅度常常与第 1 浪近似相等，有时是第 3 浪整体幅度的 61.8%。调整模式中，b 浪会反弹到 a 浪整体幅度的 23.6%、38.2%、50%、61.8% 以及 76.4% 左右，而 c 浪主跌的幅度是 a 浪整体幅度的 138.2%、161.8% 或者 238.2%、261.8% 左右。这些比例会受到外力和大盘环境影响。

波浪时间，反映了人类的心理波动的周期，则神奇地与斐波纳契数列近似吻合，这也说明人类心理周期与斐波纳契数列近似吻合。

斐波纳契数列是 13 世纪的意大利数学家里昂纳多·斐波纳契发现的，即后一位数字是前两位数字之和。此数列提供了波浪理论的数学基础：1、2、3、5、8、13、21、34、55、89、144、233、377……以至无穷。波浪黄金分割比例从以下数列波动比例中产生：在数列的头几个数字之后，任何一个数字与下一个数字的比率大约是0.618，而与前一个数字之比大约为1.618；数列中间隔一位数的数字之间的比率是0.382，这就是著名的黄金分割比例，也是人类心理波动比例。而人类心理波动周期则直接落在数列的每一位数字上，由此而产生每一轮行情的时间周期，具体来说，每年的主反行情为34个交易日，每年的主升行情为55个交易日，大主升行情为89个交易日，小牛市是144个交易日，中牛市是233个交易日，大牛市是377个交易日，这些行情时间周期正好是数列上的数字。有了行情时间周期的指导，在实盘交易中便有了交易信心，在行情时间周期结束之前，投资者可以大胆重仓、满仓交易，获取利润最大化。由此看来，人类的心理波动空间和周期皆与斐波纳契数列有深深的渊源！值得心理学家和数学家去探寻其中的奥秘。

（二）股市运动意浪轨迹理论

波浪理论对股市投资的最大贡献是为投资者提供股票所处的位置信息，有了这个信息，投资者便可以知道该股是否还具有买的价值，是否到了该卖的节奏。然而在实际操作中投资者会发现波浪理论运用起来并不容易，难就难在数浪很困难，因为浪中套浪，究竟目前位置是第几浪，心里没底，更何况实际操作中常常遇到浪形不规则，而且还会碰到失败浪。一旦数浪错误，带来的就是错误操作和资金的亏损。如何解决波浪理论实际应用的困境呢?

当投资者只能盯着波浪形态，甚至再加上波浪比例和时间，也不能准确数出波浪内涵时，究竟投资者还欠缺什么?欠缺的是“意”。所有波浪其本质是在表达一种“意”，这种“意”既表达了波浪的节奏，更表达了波浪代表的大小行情。将艾略特的波浪理论，结合笔者发现的波浪本质“意”，即可以发现这个更深刻的“股市运动意势波浪理论”。在笔者创建的这个“股市运动意势波浪理论”中，“意势”比形态更重要。在实际操作中，投资者首先应该去了解此时大小波浪的大小“意势”，大小行情，然后推断其“意势”的阶段，再结合波浪的形，推断出波浪的位置。在数浪中遇到失败浪，也可以通过 MACD 的技术指标清晰地看见“意”是否已经完成，只要是“意”已经完成，哪怕波浪形态没有获得成功，那也是波浪已经结束，只不过是第 n 浪以失败的形态结束而已。

运用“股市运动意势波浪理论”如何判断行情拐点?首先要判断“意浪”的性质。这里主浪有两类:“主升意浪”和“反弹或调整意浪”。“主升意浪”有 5 浪，而“反弹或调整意浪”只有 3 浪。“意浪”走完，哪怕以失败形态走完，都是行情的拐点出现，必须立刻采取相反的操作模式。

在中国，由于主力机构区域金融心理与国外不一样，导致主升行情的龙头股的运行形态往往与艾略特波浪理论的形态也不一样。由于主力机构的利润独吞心理和反散户心理，导致出现了一些中国特色的股市特殊形态的波浪：（1）一鼓作气式：只有 1 波，没有子浪。在一些龙头个股的主升浪中，常常可以看到一鼓作气的形态，一口气 6 到 8 个涨停板，有些甚至十几个涨停板，中间根本没有第 2 回、第 4 回调浪，也看不到明显的第 1 浪、第 3 浪、第 5 浪。（2）奔走式：也是只有 1 波，但可以看见上行子浪，有时候上行 2 个子浪，有时候上行 3 个子浪，但看不到回调浪。这两种形态都属于极强势的龙头个股运行，从形态上看与波浪理论形态不一致，但如果按意浪理论进行数浪，数“意”而不数“形”，则发现主升行情龙头股运行还是符合波浪理论的。第一种形态不回调，或说是跨越式回调，第二种形态是奔走式调整。而这两种龙头意势浪波形态，才是股市趋势投资中最有魅力的，短期利润最大的运行方式。趋势投资者要在投资实践中熟练把握并获取这样的高速增长期利润，这才是股市运动意势波浪理论的意义，也是单纯波浪理论无法做到的，因为在这样的形态下，投资者永远也找不到第 2 浪、第 4 浪回调底，永远也无法抄底回调，永远也无法实现右侧投资。

图 3 – 27 的达华智能高速增长期是一鼓作气式的意势波浪形态，无法用艾略特波浪理论去数浪。看不到明显的第 1 浪、第 3 浪、第 5 浪，也没有第 2 回、第 4 回调浪，属于跨越式调整，只可数“意”，无法数“形”。图 3 – 28 的西部证券高速增长期是奔走式的意势波浪形态，只有 1 波，看不到回调浪，属于奔走式调整，宜数“意”，不数“形”。

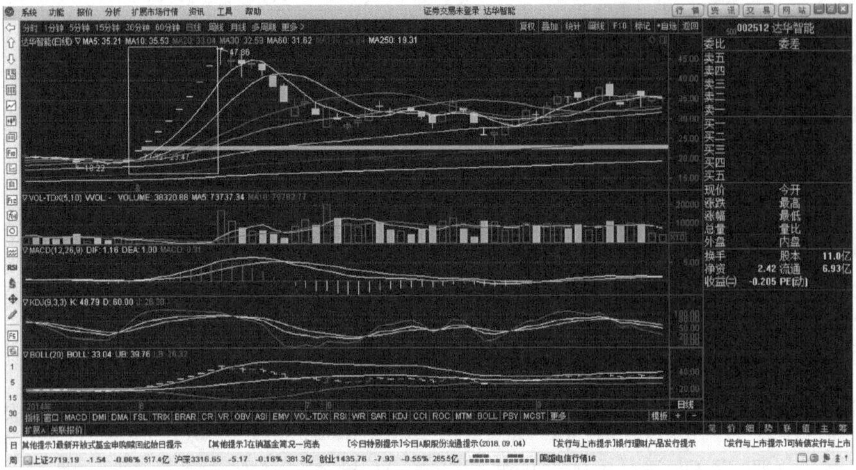

图 3－27　一鼓作气意浪之达华智能

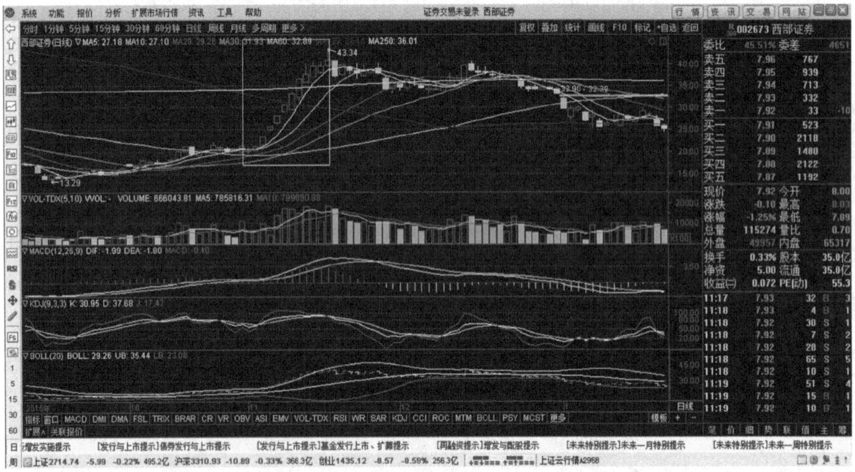

图 3－28　奔走意浪之西部证券

第四节 股市运动轨迹 K 线形态

K 线，是对股市运动轨迹的最原始记录，是股市运动趋势分析的核心技术，在反映股市趋势运动轨迹特征方面具有无可取代的地位，在投资技术分析中极其重要。

一、运动轨迹单 K 线形态

单 K 线，是以每个分析周期的开盘价、最高价、最低价以及收盘价绘制而成，代表了股票或指数在分析周期时间内的运动轨迹。以天为周期是日 K 线，以星期为周期是周 K 线，以月为周期是月 K 线，以季度为周期为季 K 线，以分时为周期是分时 K 线。K 线图则是由所有的连续的单 K 线组合而成，是分析股票走势最基本的元素，代表了股市完整的运动轨迹。

常见的单 K 线形态有：长阳线、长阴线、中阳线、中阴线、小阳线、小阴线、十字星、锤头线、倒锤头线等。还有一种值得一提的 K 线特征形态是缺口形态。

（一）长阳线

长阳线，对于指数来说，是阳线实体3%以上的K线；对于股票来说，是阳线实体6%以上的K线。长阳线代表了分析周期内多头意愿与力量远胜于空头意愿和力量。根据长阳线所处不同位置，可以将长阳线分为筑底型长阳线、试探型长阳线、启动型长阳线、中继型长阳线、衰竭型长阳线以及反弹型长阳线。

筑底型长阳线出现在一波主跌行情的末期，多头以一根长阳宣告对行情继续下跌的否定。否定之后，是否筑底成功，还要看空头的反扑确认情况而定。一般来说，底部的构筑，是一个反反复复的过程，需要长阳立柱，需要多空头量能扭转。当长阳线出现后，如果空头反扑却连续缩量中小阴线，就意味着空头意愿与力量基本耗尽，底部确认成立，筑底型长阳线成立。筑底成立之后，会有一部分先知先觉的资金提前入场抄底，量能会逐渐显示多头占优。当多头决定起一波主升行情时，由于长期下跌给投资者带来的空头思维严重，人气低迷，此时多头会先有试探性行为，伴随放量拉出一根长阳，此长阳线即为试探型长阳线。试探性长阳之后，依然要看空头作何反应，如果空头强烈反扑长阴收官，则多头试探失败，需再次筑底巩固，也包括洗盘，等待时间下一次试探；如果空头反扑却连续缩量中小阴线，就意味着空头无意也无力抵抗，此时启动型长阳线会很快拉出，宣告多头将展开一波主升行情。启动型长阳线拉出后，投资者应当及时快速量化入场，并伴随着回调洗盘不断加仓。主升行情展开后，会有第

3浪主升加速行情，此时极易出现中继型长阳线，气势最猛，此时投资者一定要重仓。当第3浪运行渐入尾声，会出现减速运动，意味着回调拐点很快出现，此时投资者要开始减仓，甚至空仓。之后进入回调期，回调到位后，是惯性行情。这个惯性行情有时会缩量中小阳线展开，之后很快见顶；有时会连拔两三个涨停板，然后见顶；有时会一根长阳线拔起，之后却无力再涨而见顶。见顶前最后一根长阳线即为衰竭型长阳线，有时候最后一根长阳线迷惑性很强，很多投资者以为行情进入再次加速阶段，纷纷加仓，结果会被主力牢牢套在山顶。最后的这根长阳线一则是多头最后一口气，另一则是主力诱多出货。反弹型长阳线出现在主跌过程中，跌幅过大，跌速过快，且遇到重要支撑或消息面利好之时，多头此时报复性反弹，走出长阳线。由于这根长阳线的性质是主跌过程中的反弹，投资者千万不可介入，更不可追高；相反，如果被套，此时至少要大减仓或空仓，等待日后筑底后再介入。需要提醒的是，并不是所有长阳线在一波主升行情中都会出现。

图3-29的华谊嘉信在连续下跌之后，一根长阳线结束下跌过程，筑底之后，进入较长时间的箱体平衡盘底期，并在箱体盘整末期放量突破箱体上攻。

图3-30的北方导航的这波主升行情里分别依次出现了试探型、启动型、中继型和衰竭型长阳线。图3-31的北方导航这波下跌行情中则出现了反弹型长阳线。

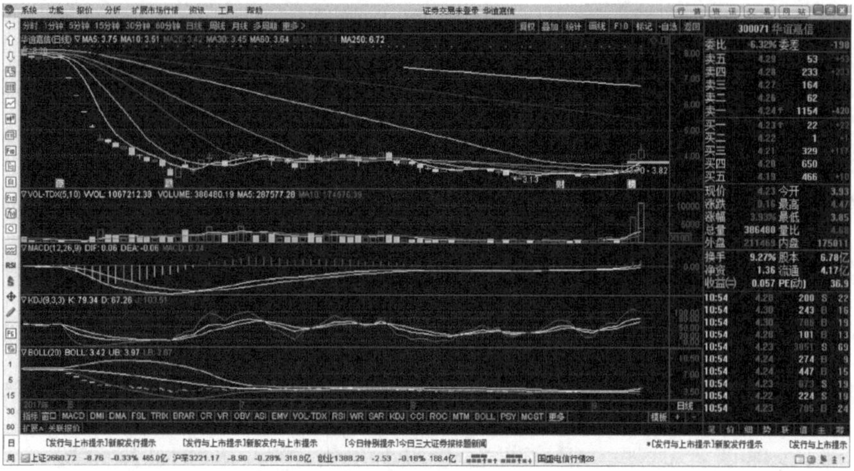

图 3－29　筑底型长阳线之华谊嘉信

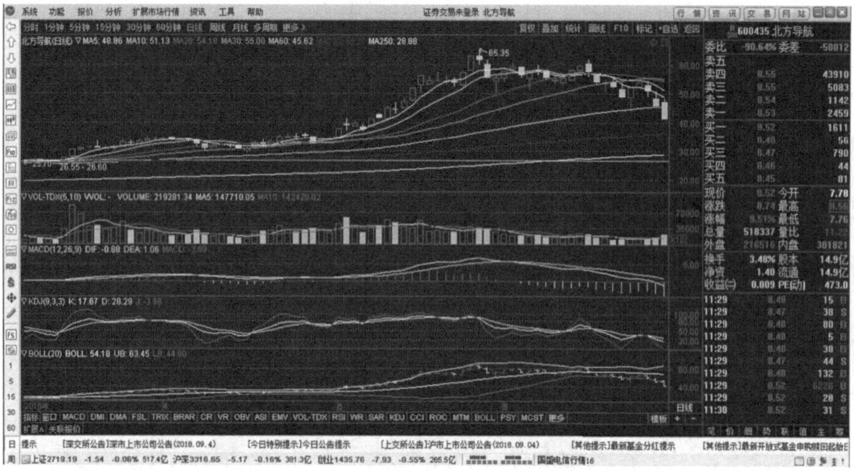

图 3－30　试探型、启动型、中继型、衰竭型长阳线之北方导航

（二）长阴线

长阴线，对于指数来说，是阴线实体 3% 以上的 K 线；对于股票来说，是阴线实体 6% 以上的 K 线。长阴线代表了分析周期

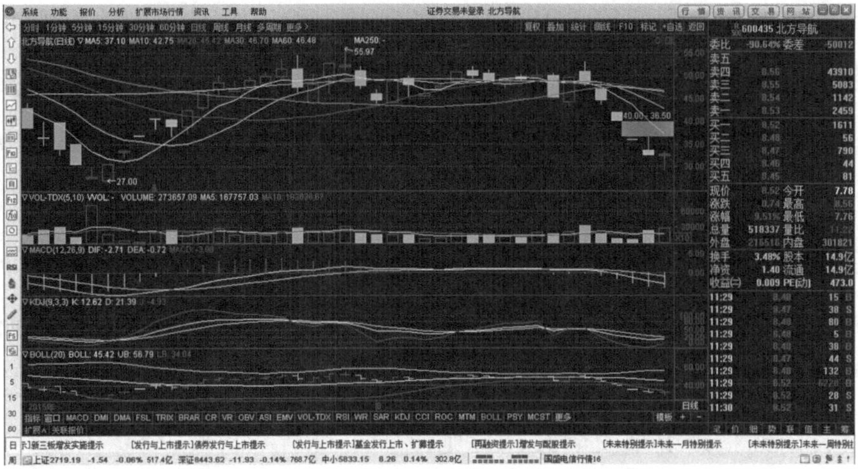

图 3－31　反弹型长阳线之北方导航

内空头意愿与力量远胜于多头意愿和力量。根据长阴线所处不同位置，可以将长阴线分为试探型长阴线、筑顶型长阴线、启动型长阴线、中继型长阴线、衰竭型长阴线以及上涨受阻洗盘型长阴线。

试探型长阴线出现在一波主升行情的末期，空头以一根长阴宣告对行情继续上涨的否定。否定之后，或者筑顶或者启动主跌，要看多头反扑确认情况来定。如果试探被多头否定，跌幅被次日或接下来几日阳线完全收复，则会筑顶进入再试探过程，该试探型长阴线变为筑顶型长阴线。一般来说，受高位势影响和重力作用，顶部的构筑，比底部构筑容易得多。如果空头长阴试探后，多头无意也无力反扑，只是几根连续缩量中小阳线（此时是出货时间，投资者应当立刻出货），就意味着多头意愿与力量基本耗尽，空头将立刻启动主跌行情，长阴下砸，伴随放量，抛盘涌出。试探反弹时未卖出的股票，此时无论如何都要卖出。主跌行情展开后，会有第3浪主跌加速行情，此时极易出现中继型长阴线，气势最猛。当第3浪运行渐入尾声，会出现减速运动，意味着会有反弹出现，此时投资者千万不可介入，更不可追高，哪怕是长阳反弹。相反，如果被套，反而要大减仓或空仓，等待日后主升试探回调再介入。下跌末期，有时候还会有一根长阴线下砸，迷惑性就很强，有些投资者以为行情进入再次加速下跌阶段，心理实在受不了就割肉了，结果割肉割在地板上。最后的这根长阴线是衰竭型长阴线，一则是空头最后一口气，另一则是主力诱空开始悄悄吸货，以备下一波主升行情。上涨受阻洗盘型长阴线出现在主升过程中，涨幅过大，涨速过快，且遇到重要阻挡位或消息面非实质性利空之时，空头此时报复性下砸，加上主力洗盘，走出长阴线。由于这根长阴线的性质是主升过程中的回调，是投资者抄底好机会。需要提醒的是，并不是所有长阴线在一波主跌行情中都会出现。

图3－32的振兴科技这波下跌行情中分别依次出现了试探型、筑顶型、启动型、中继型和衰竭型长阴线。

图3－33的航天电器这波上涨行情中先后两次出现了上涨受阻洗盘型长阴线。

（三）中阳线

中阳线，对于指数来说，是阳线实体1%—3%的K线；对于股票来说，是阳线实体3%—6%的K线。中阳线代表了分析周期内多头意愿与力量优胜于空头意愿和力量，在主升的运行浪的任

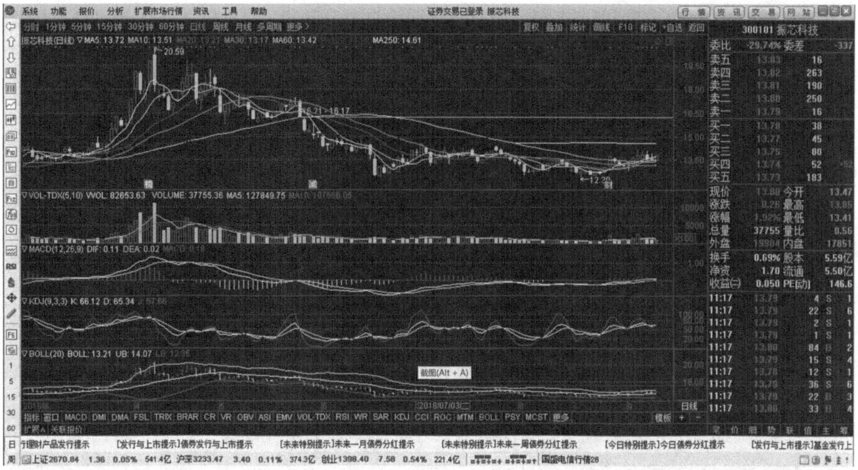

图 3－32　试探型、筑顶型、启动型、中继型、衰竭型长阴线之振芯科技

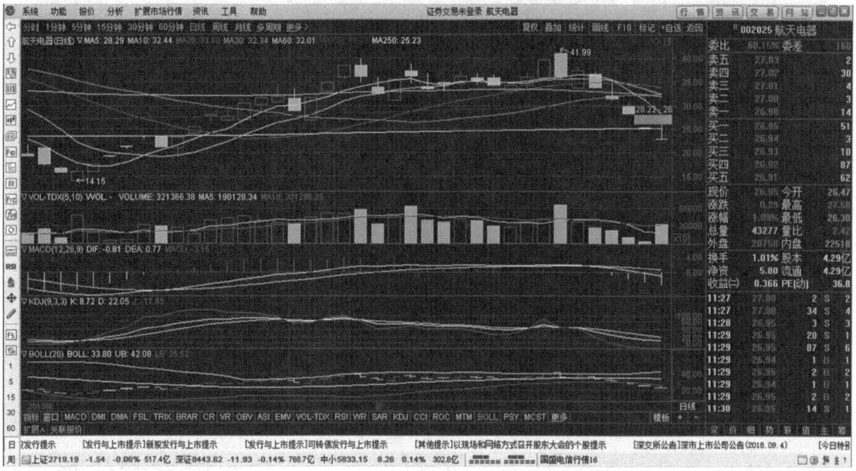

图 3－33　上涨受阻洗盘型长阴线之航天电器

何过程以及主跌反弹时期都有可能出现，一般没有大的趋势性意义。但是当空头反作用弱于中阳线时，会有小趋势小短线行情，投资者可在空头反作用较弱时抄底，博取小短线利润，要点是把握好节奏，快进快出。

图 3－34 的中通国脉上行过程中，空头反作用弱于中阳线，因此小趋势短线行情持续较好。

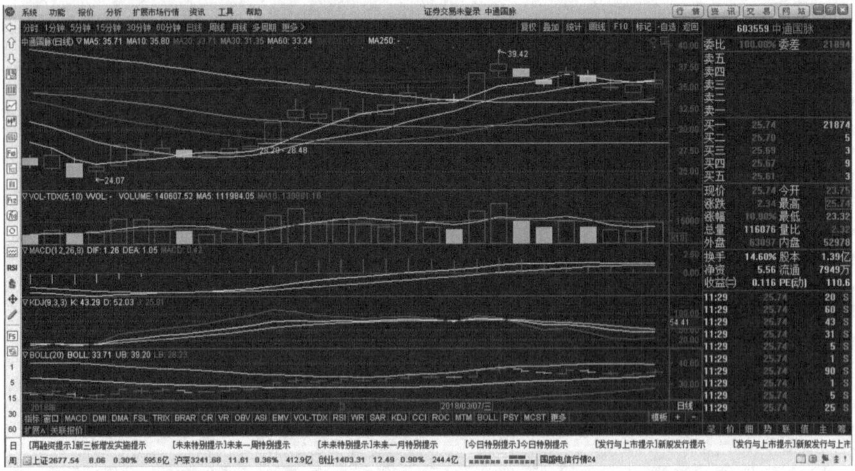

图 3－34　中阳线之中通国脉

（四）中阴线

中阴线，对于指数来说，是阴线实体 1%—3% 的 K 线；对于股票来说，是阴线实体 3%—6% 的 K 线。中阴线代表了分析周期内空头意愿与力量优胜于多头意愿和力量，在主跌的运行浪的任何过程以及主升回调时期都有可能出现，一般也没有大的趋势性意义。但是当多头反作用弱于中阴线时，会有小趋势小短线风险，投资者在多头反作用较弱时应该离场，回避风险。

图 3－35 的新疆浩源下行过程中，多次出现多头反作用弱于中阴线，因此趋势风险持续进行。

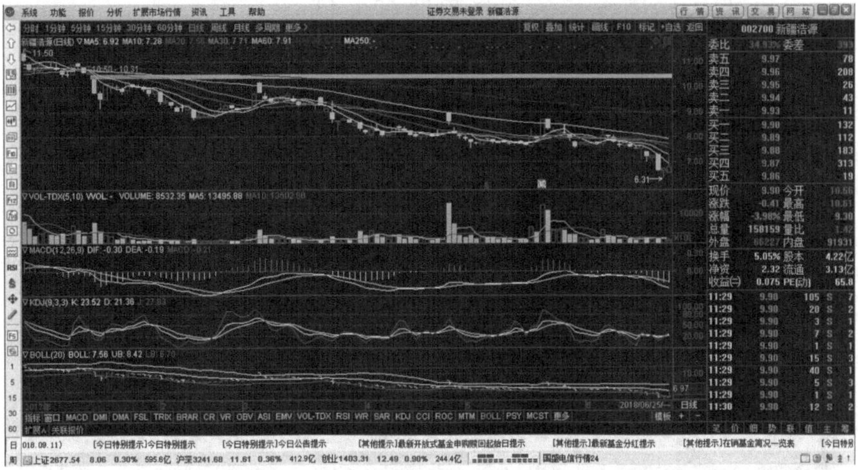

图 3－35　中阴线之新疆浩源

（五）小阳线

小阳线是指阳线实体较短，且带有短上下影线的 K 线。对于指数来说，阳线实体 1% 以下；对于股票来说，阳线实体 3% 以下。小阳线在行情末期出现时，代表了滞涨，具有可能性拐点信号意义。当伴随了多根拐点 K 线组合，则拐点信号更明确，此时要谨防行情拐头向下，投资者应以防范风险为主；小阳线出现在底位时，代表了止跌，当伴随了多根拐点 K 线组合，则拐点信号更明确，此时分批介入，越跌越买；小阳线出现在其他位置时，基本没有趋势意义。

图 3－36 的中国卫星在上涨行情末期出现滞涨小阳线，配合其他 K 线组合，具备了拐点信号意义，导致股价下行。图 3－37 的大通燃气在下跌行情末期出现连续小阳线，配合其他 K 线组

合，具备了拐点信号意义，导致股价上行。

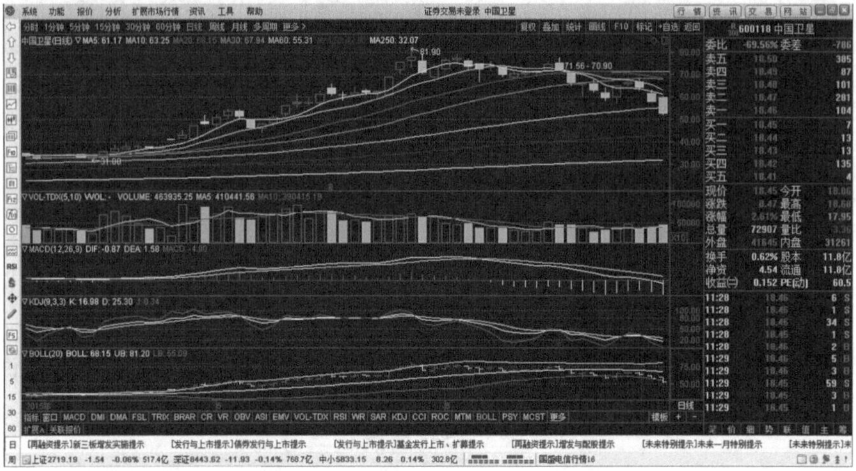

图 3－36　滞涨小阳线之中国卫星

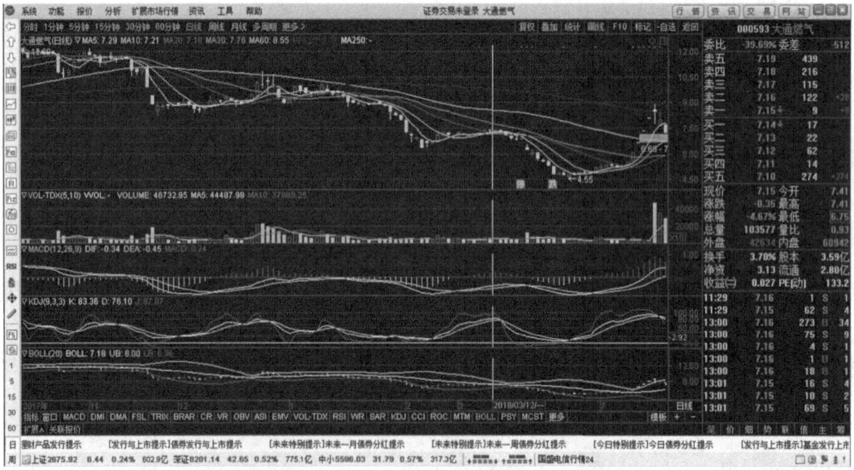

图 3－37　止跌小阳线之大通燃气

（六）小阴线

小阴线是指阴线实体较短，且带有短上下影线的 K 线。对于指数来说，阴线实体1%以下；对于股票来说，阴线实体3%以下。小阴线在行情末期出现时，代表了止涨，当伴随了多根拐点K线组合，则拐点信号更明确，此时要谨防行情拐头向下，投资者应以防范风险为主；小阴线出现在底位时，代表了滞跌，具有可能性拐点信号意义。当伴随了多根拐点K线组合，则拐点信号更明确，此时分批介入，越跌越买；小阴线出现在其他位置时，基本没有趋势意义。

图3－38的振芯科技在上涨行情末期连续出现止涨小阴线，配合其他K线组合，具备了拐点信号意义，导致股价下行。图3－39的中通国脉在下跌行情末期出现连续小阴线，配合其他K线组合，具备了拐点信号意义，导致股价上行。

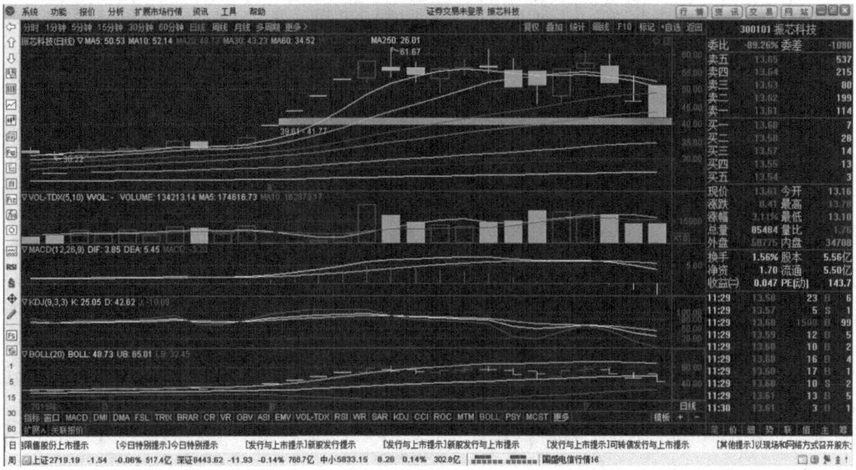

图3－38　止涨小阴线之振芯科技

（七）十字星

十字星，理论上是一种只有上下影线，没有实体的K线，开

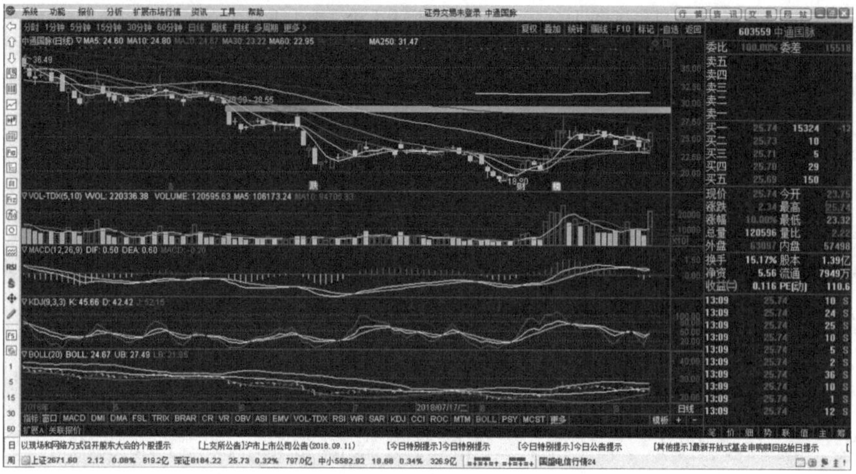

图 3-39　滞跌小阴线之中通国脉

盘价即收盘价，在实盘研究中，开盘价与收盘价只差一分钱时也视为十字星。从形态上说，十字星有普通十字星、长十字星、射击十字星、“T”字星、“一”字星；从位置来说，有黄昏之星和针形探底十字星。普通十字星，市场多空力量达到暂时均衡的十字星，上下影线均不长，没有特殊意义。长十字星，市场多空力量达到暂时均衡的十字星，上下影线均较长，最高价或最低价与收盘价的距离，均大于3%。从外形看，长十字星与普通十字星相似，上下影线几乎相等，多空意愿与力量均衡，但长十字星的长上下影线，代表了振幅较大，多空分歧较大。射击十字星，是从收盘价位拉出一根较长的上影线或下影线，形态像是射击。“T”字星，只带有长上影线或只带有长下影线的十字星。“一”字星是指当天的开盘价、收盘价、最高价、最低价在同一价位的K线，一般只出现在涨停板或跌停板。无论是什么形态的十字星，当出现在上涨行情运行较长时间，股价上涨较大空间之后，代表了放量滞涨或缩量小涨，意味着空头意愿与力量已经很大或多头意愿与力量耗尽，便形成黄昏之星形态。黄昏之星是拐点信号，必须立刻出货，否则风险极大；当出现在下跌行情运行较长时间，股价下跌较大空间之后，主力利用下跌制造恐慌洗出浮筹，而后反手做多，将价格重新拉回开盘附近，收出针形探底十字星，预示多空力量达到平衡，下跌趋势即将终止，底部形成，之后放量上行，量价齐升。还有一种针形探底形态，出现在强势个股的主升行情第 2 回、第 4 回调浪中，收出小阴小阳十字星探底信号，意味着洗盘结束，然后重拾升势，转向之后容易出现多个涨停板。这是技术派投资者最常运用的操作模式，也是获利最快的趋势投资模式。

图 3－40 的华丽创通在上涨行情末期出现十字星线，配合其他 K 线组合，具备了拐点信号意义，导致股价下行。图 3－41 的斯太尔在下跌行情末期出现连续十字星线，配合其他 K 线组合，具备了拐点信号意义，导致股价上行。图 3－42 的金盾股份的十字星线出现在上涨行情的回调洗盘中，意味着洗盘结束，然后重拾升势。图 3－43 的北斗星通上涨与下跌的行情中均出现“一”字星线，代表了主力拉升与出货时的急切心情与操作风格，快进快出，纯属短线趋势交易。

（八）锤头线

锤头线是指锤头实体与下影线比例相差较大的 K 线。锤头线实体必须在市场成交价格波动幅度的上半部分，并且锤头越小，

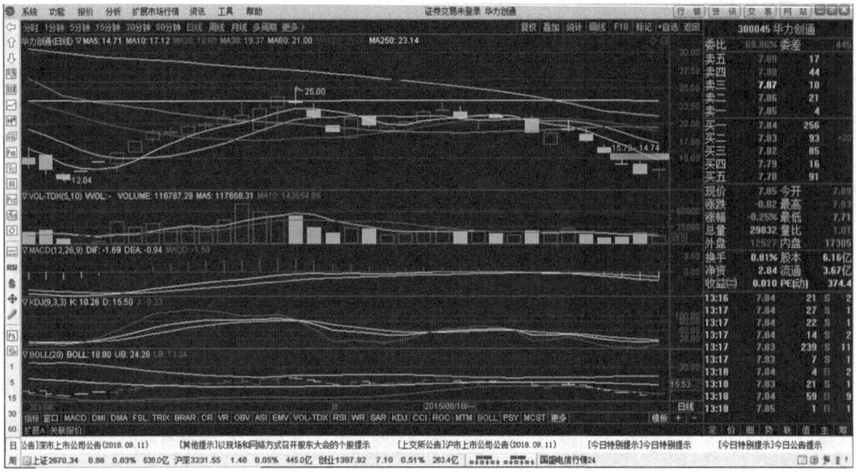

图 3－40　见顶十字星之华丽创通

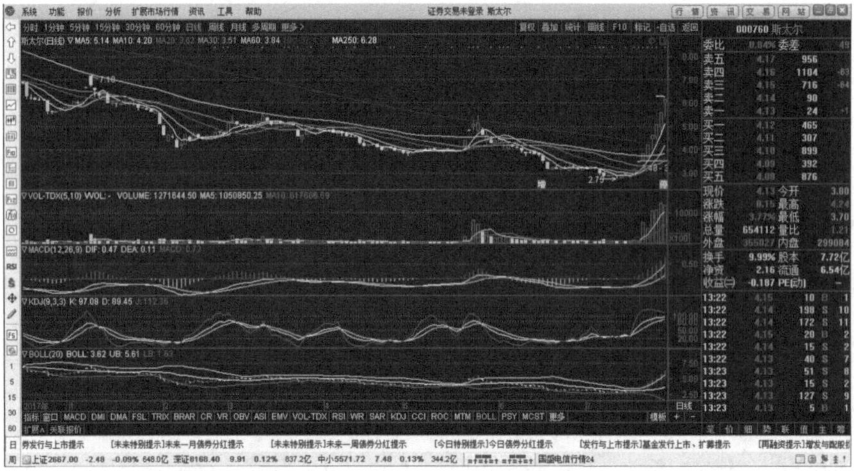

图 3－41　见底十字星之斯太尔

下影线越长，锤头与下影线比例相差越大则越有信号价值。锤头线有阳线锤头和阴线锤头之分，但意义相同，如果出现在下跌末期，都是见底信号，但阳线锤头的力度更大；如果出现在上涨末期，则有见顶概率，至少空头已经表达了意愿和态度，此时阴线

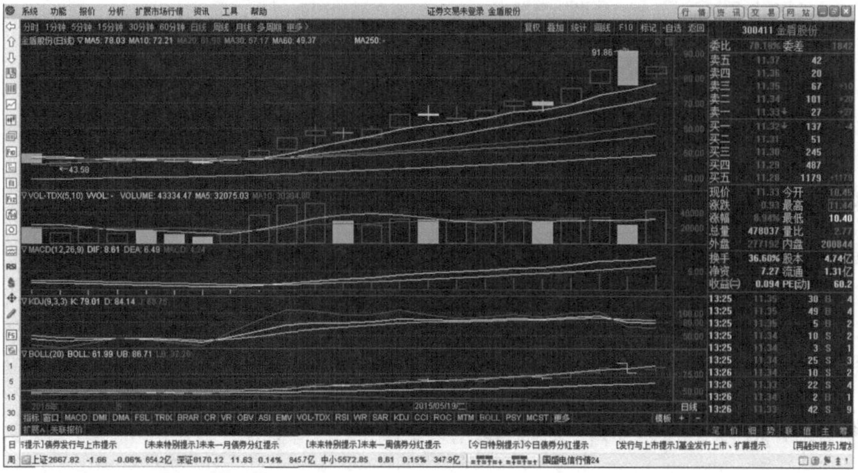

图 3－42　上涨中继十字星之金盾股份

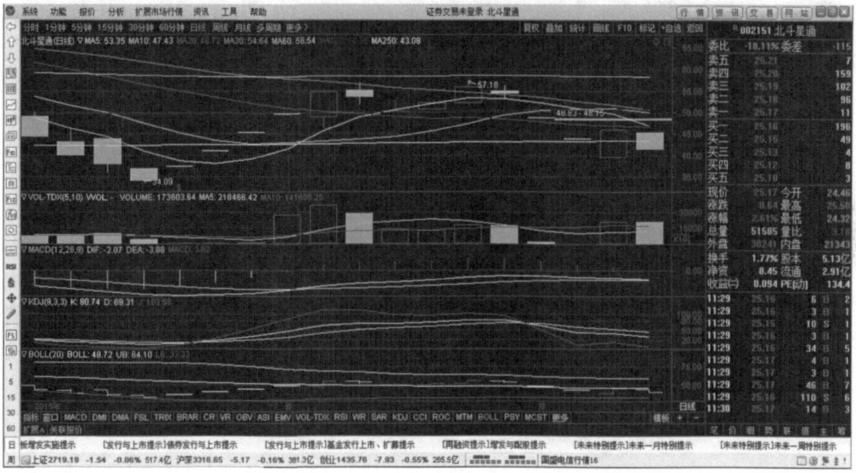

图 3－43　“一”字星之北斗星通

锤头的力度更大。下跌末期锤头线出现之后，如果小短线放量上行，然后缩量回调，则是较好的介入时机，此时，投资者应当积极做多；上涨末期锤头线出现之后，预示着风险可能到来，投资者最好先回避。需要比较的是，上涨末期倒锤头线的见顶信号比锤头线的见顶信号更强。

图 3 - 44 的博深工具在上涨行情末期出现阳锤头线，配合其他 K 线组合，具备了拐点信号意义，导致股价下行。图 3 - 45 的宏达股份在下跌行情末期出现阳锤头线，配合其他 K 线组合，具备了拐点信号意义，导致股价上行。图 3 - 46 的台基股份在上涨行情末期出现阴锤头线，配合其他 K 线组合，具备了拐点信号意义，导致股价下行。图 3 - 47 的北新路桥在下跌行情末期出现阴锤头线，配合其他 K 线组合，具备了拐点信号意义，导致股价上行。

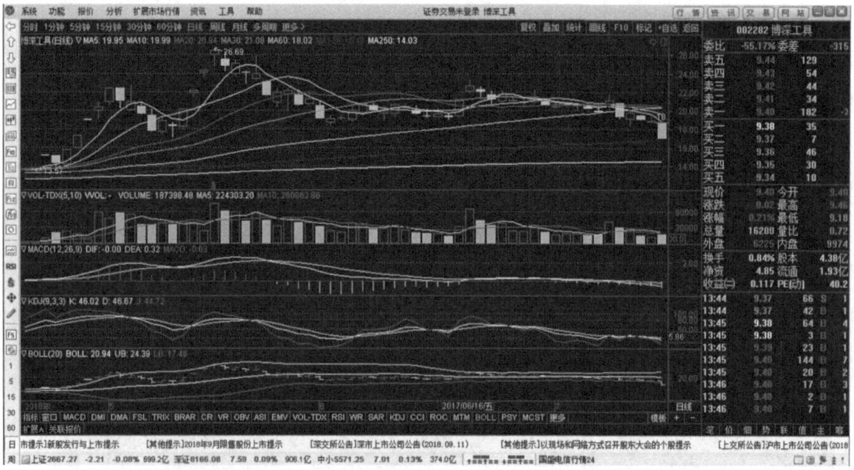

图 3 - 44　见顶阳锤头线之博深工具

（九）倒锤头线

倒锤头线是指倒锤头实体与上影线比例相差较大的 K 线。倒锤头线实体必须在市场成交价格波动幅度的下半部分，并且倒锤

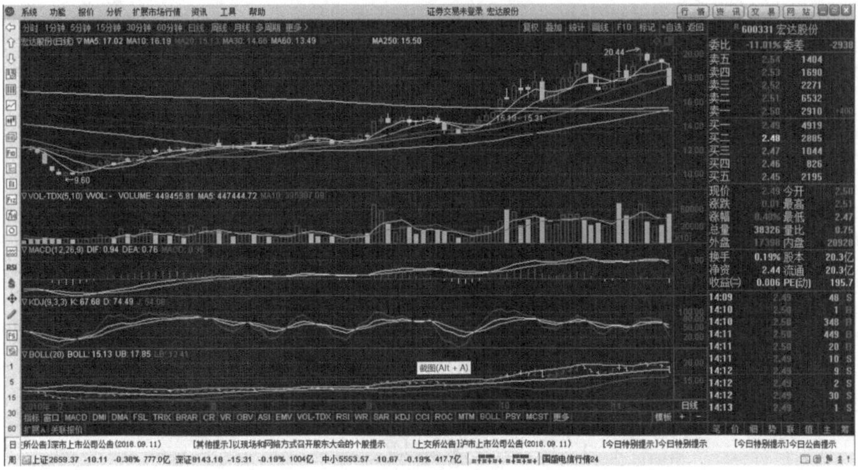

图 3－45　见底阳锤头线之宏达股份

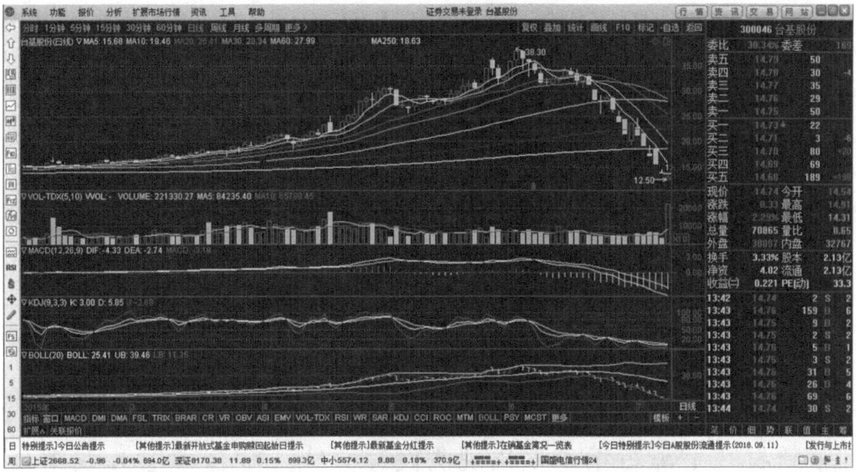

图 3－46　见顶阴锤头线之台基股份

头越小，上影线越长，倒锤头与上影线比例相差越大则越有信号价值。倒锤头线也有阳线倒锤头和阴线倒锤头之分，其意义也相同，如果出现在上涨末期，都是见顶信号，但阴线倒锤头的力度更大；如果出现在下跌末期，则有见底概率，至少多头已经表达

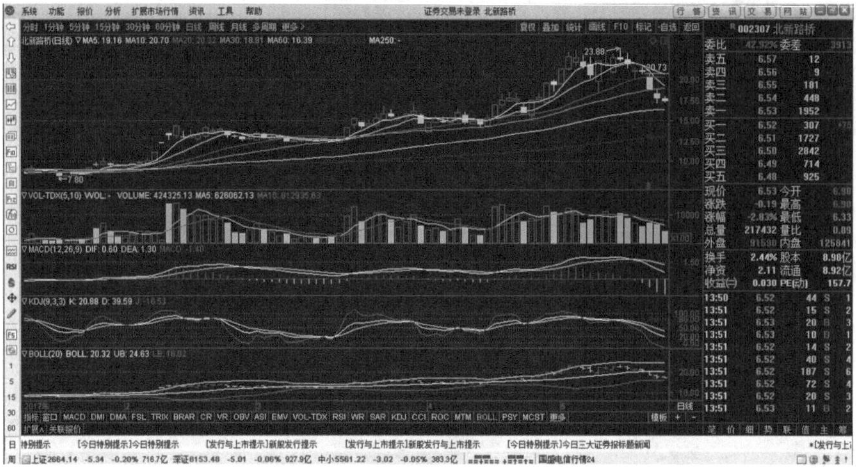

图 3－47　见底阴锤头线之北新路桥

了意愿和态度，阳线倒锤头的力度更大。上涨末期倒锤头线出现之后，预示着风险到来，投资者应当立刻离场；下跌末期倒锤头线出现之后，虽有见底概率，仍需多观察数日，因为底部的构筑是个反复过程。需要比较的是，下跌末期锤头线的见底信号比倒锤头线的见底信号更强。

图 3－48 的汇金通在上涨行情末期出现阳倒锤头线，配合其他 K 线组合，具备了拐点信号意义，导致股价下行。图 3－49 的红宇新材在上涨行情末期出现阴倒锤头线，配合其他 K 线组合，具备了拐点信号意义，导致股价下行。

（十）缺口形态

股市运动学 K 线形态中，某一日跳空高开，并且全天最低成交价比前一日的最高成交价还要高，即形成向上跳空缺口形态，

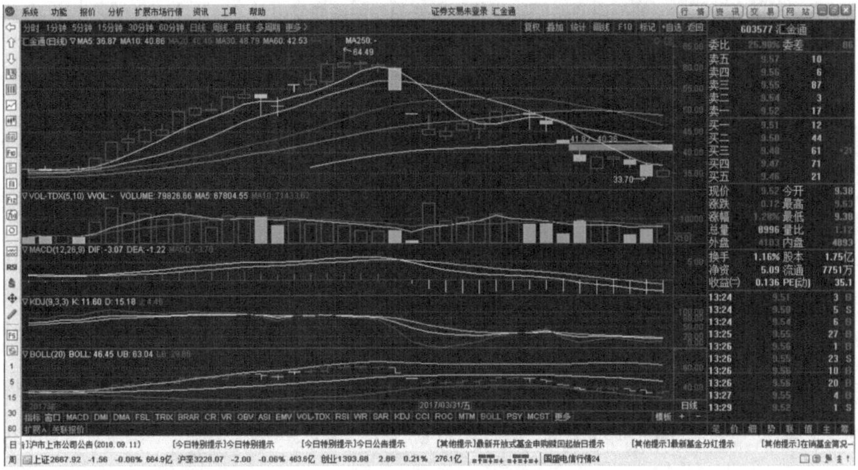

图 3－48　见顶阳倒锤头线之汇金通

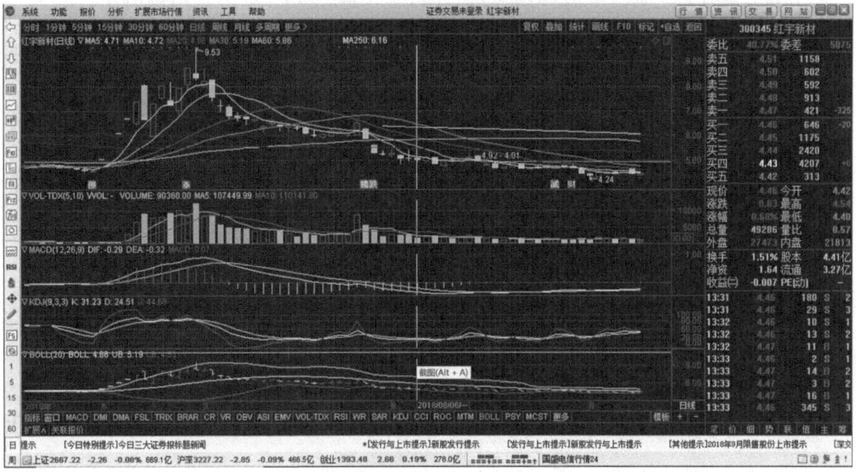

图 3－49　见顶阴倒锤头线之红宇新材

反之则是向下的跳空缺口形态。在股市运行过程中，缺口形态有较大意义，根据其功能一般分为趋势缺口和普通缺口，趋势缺口又分为突破性缺口、中继性缺口和衰竭性缺口。如果缺口产生的位置在整理区，之后也没有明显的量与形态的配合，这样的缺口就是普通缺口，普通缺口一般3—5天就会回补。这一特性可以指导投资者实盘操作：向上跳空缺口可以逢高卖出，向下跳空缺口可以逢低买入。如果缺口产生在主力较长时间吸筹之后，突破阻力，并且当天与未来几天成交量持续放大，量价齐升，这就是突破性缺口。突破性缺口产生之后，股票质点将沿着缺口方向运行较长时间，位移也会相对较大。如果是向上突破则利润空间会较大，投资者持股不动就好，直到拐点出现卖出股票；如果是向下突破风险空间会较大，投资者应当立刻卖票出货。突破性缺口产生之后，行情发展到中途，有时候也会出现跳空缺口，之后行情会加速运行，缺口短期不会回补。中继性缺口的投资指导与突破性缺口类似，向上跳空持股，向下跳空卖票。当行情运行到尾声，有时候也会出现跳空缺口，此时量能与位移都会相对萎缩，持续性很差，缺口短期很容易被回补，甚至有时出现反向跳空缺口，形成岛形反转，此时的缺口就是衰竭性缺口。衰竭性缺口出现后，投资者要做反向操作。向上跳空就卖，向下跳空反而可以买。岛形反转形成，一般运行空间较大。

图3－50的盛达矿业在上涨过程中分别出现了突破性缺口、中继性缺口和衰竭性缺口，在下跌过程中分别出现了突破性缺口和衰竭性缺口。

需要提醒的是，单K线的市场信号不是强信号，而且容易被主力拿来做线诱多或诱空。因此，在利用运动轨迹K线形态作为判断信号时，最好以K线组合形态为好：一方面，组合的信号更强；另一方面，组合不容易被主力拿来做线诱骗。

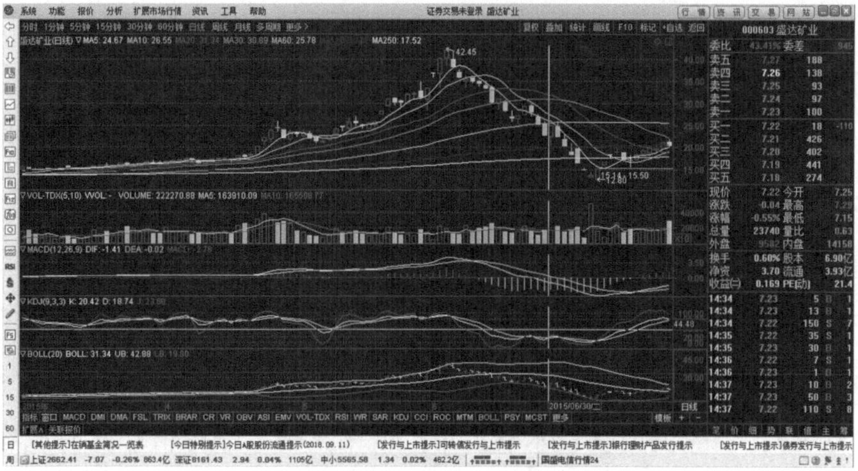

图 3－50 缺口形态之盛达矿业

二、运动轨迹 K 线组合形态

有个形象的比喻，如果说股市是“取款机”，那么 K 线组合就是“银行卡”，K 线组合的运行条件则是“银行卡密码”，有了“银行卡”和“密码”，股市便成了“取款机”，这个比喻强调的是 K 线组合的行情节奏重要性。运动轨迹 K 线组合形态是判断市场运行趋势与方向的重要参考依据之一。一些典型的 K 线组合，会不断地重复出现，如果你掌握了这些规律，将在很大程度上提高你的胜算。底部看涨 K 线组合出现时，要赶快建仓；顶部看跌看 K 线组合出现时，要赶快离场。K 线组合方式多种多样，以下就具有实战价值的 K 线组合一一介绍。

（一）底部红三兵

在主跌行情或底部平衡整理末期，空方已无力继续打低股价，多空双方窄幅波动，小阳线与小阴线交替出现，成交低迷，呈现典型寻底筑底态势，末期多方量能开始占优，随着成交量的均匀放大，K线组合出现连续上升的3根涨幅或阳线实体逐渐增大的中小阳线，使股票突破盘局开始上升。这3根小阳线称为“红三兵”，它的出现预示着后市大概率出现上涨行情。此时应当分批介入，越洗盘越买。

密码：（1）位置密码：筑底行情末期；（2）形态密码：底部红三兵；（3）成交量密码：红三兵多头温和放量；（4）确认密码：右侧回踩确认1—2根缩量小阴小阳十字星，不能否定多头的上涨。

图3－51的中通国脉在底部出现红三兵，随后两日洗盘缩量小阴线，说明空尽，然后放量拉起。

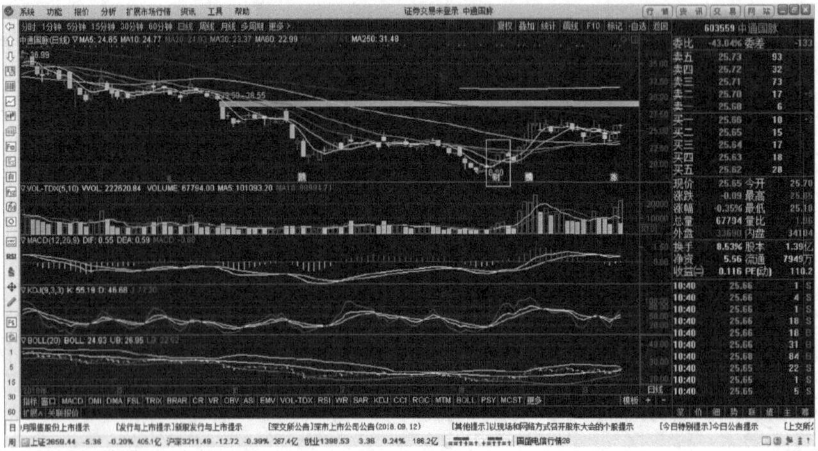

图3－51　底部红三兵之中通国脉

（二）黄昏红三兵

在上涨行情末期，顶部区域出现3根中小阳线，涨幅或阳线实体递减，量能也递减，说明多头意愿和力量衰竭，人气渐散，是大概率拐点信号，后市主要看跌。此时应该离场。

密码：（1）位置密码：上涨行情末期；（2）形态密码：黄昏红三兵；（3）成交量密码：红三兵多头逐渐缩量；（4）确认密码：不用确认。

图3－52的升达林业顶部出现黄昏红三兵，配合其他K线组合，导致股价下行。

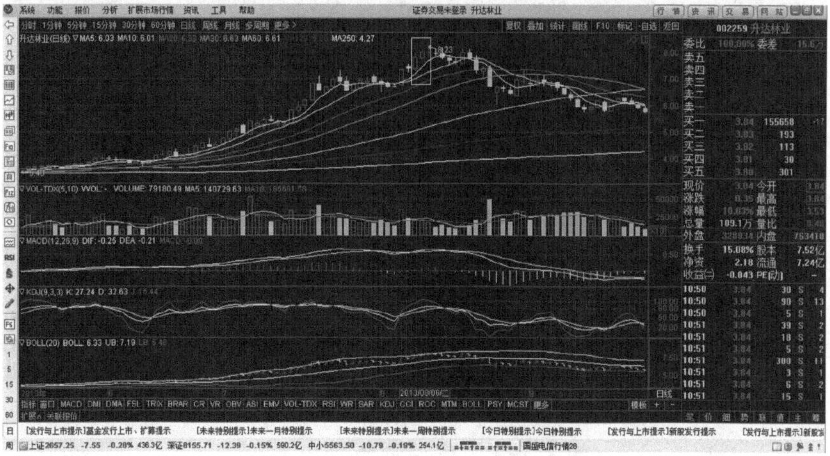

图3－52　黄昏红三兵之升达林业

（三）圆弧底

主跌行情末期，空方能量消耗极大，跌幅越来越小，直到多空双方进入水平对峙阶段，之后多方开始反攻，随着成交量的温和放大，股票逐步上升，并连续突破几根短期均线的压力，创出近期新高，形成圆弧底。圆弧底说明多方已开始占据优势，股票后市大概率上涨。此时应当分批介入，越洗盘越买。

密码：（1）位置密码：下跌行情末期；（2）形态密码：圆弧底；（3）成交量密码：左侧空头逐渐缩量，右侧多头逐渐放量；（4）确认密码：右侧上行中回踩确认缩量小阴小阳十字星，不能否定多头的上涨。

图 3－53 的德新交运出现圆弧底形态，股票逐步上升，并连续突破几根短期均线的压力，创出近期新高。

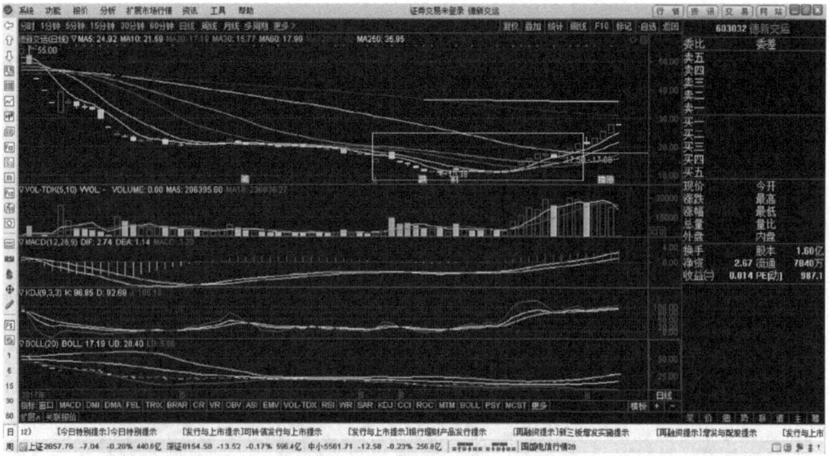

图 3－53　圆弧底之德新交运

（四）“V”字形底部

市场连续下跌，做空能量较大消耗时，多头在外力催化剂或大盘作用下立即发起反攻，不给空方喘息的机会，在成交量的配合下，将股票快速推高，形成“V”字形反转趋势。“V”字形底部，只要空头再次反扑无量中小阴，则底部确认成功。此时应当分批介入，越洗盘越买。

密码：（1）位置密码：下跌行情中末期；（2）形态密码：“V”字形底部；（3）成交量密码：右侧多头的量大于左侧空头的量；（4）确认密码：右侧上行中回踩确认缩量小阴小阳十字星，不能否定多头的上涨。

图 3－54 的中国软件出现“V”字形底部，做空能量过度消耗时，多头立即发起反攻，不给空方喘息的机会，在成交量的配合下，将股票快速推高。

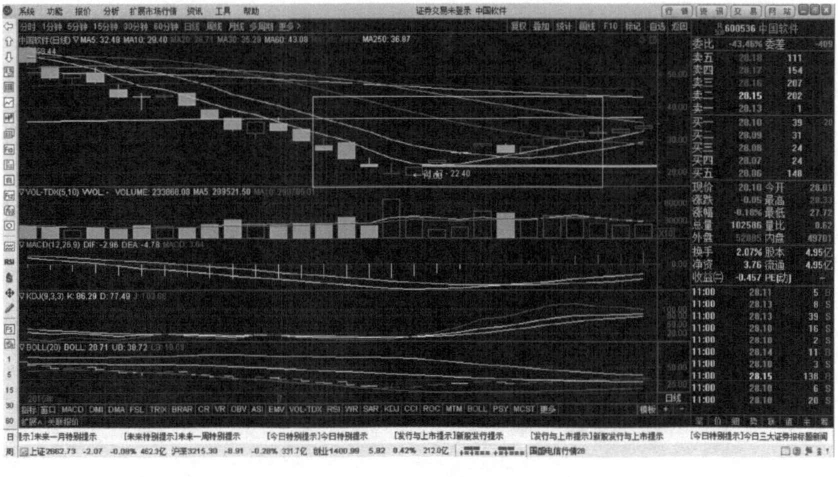

图 3－54　“V”字形底部之中国软件

（五）倒“V”字形顶部

上涨行情末期，做多能量过度消耗时，空头立即发起反攻，不给多头喘息的机会，在成交量的配合下，将股票快速打压，形成倒“V”字形反转趋势。倒“V”字形顶部，只要第1根中长阴线被确认成立，就应当立刻离场。

密码：（1）位置密码：上涨行情末期；（2）形态密码：倒“V”字形顶部；（3）成交量密码：顶部量能多空转化至空大于多；（4）确认密码：右侧下跌中反弹缩量小阴小阳十字星，不能否定空头下跌。

图3－55的贵州燃气做多能量过度消耗时，空头立即发起反攻，不给多头喘息的机会，在成交量的配合下，将股票快速打压，形成倒“V”字形反转趋势。

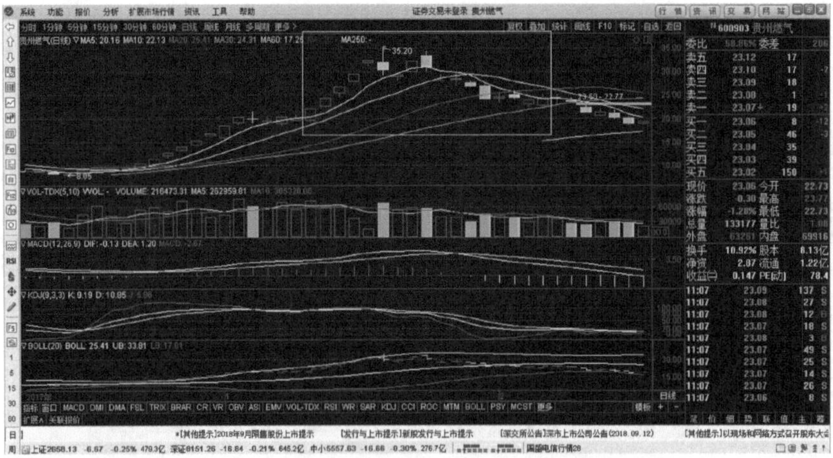

图3－55　倒“V”字形反转之贵州燃气

（六）多针探底十字星

在下跌行情末期，空头耗尽，开始反复的筑底过程，出现多根十字星 K 线，两到三次针形探底之后，底部基本确立。后市将量能扭转，并被多方控制逐渐走高，开启一波上涨行情。十字星筑底过程，只要右侧回踩都是缩量小阴小阳，那就是介入机会。

密码：（1）位置密码：下跌行情末期；（2）形态密码：多针探底十字星；（3）成交量密码：左侧空头逐渐缩量，右侧多头逐渐放量；（4）确认密码：右侧上行中回踩确认缩量小阴小阳十字星，不能否定多头的上涨。

图 3－56 的金银河底部出现多针探底十字星线，配合其他 K 线组合，底部信号确立。

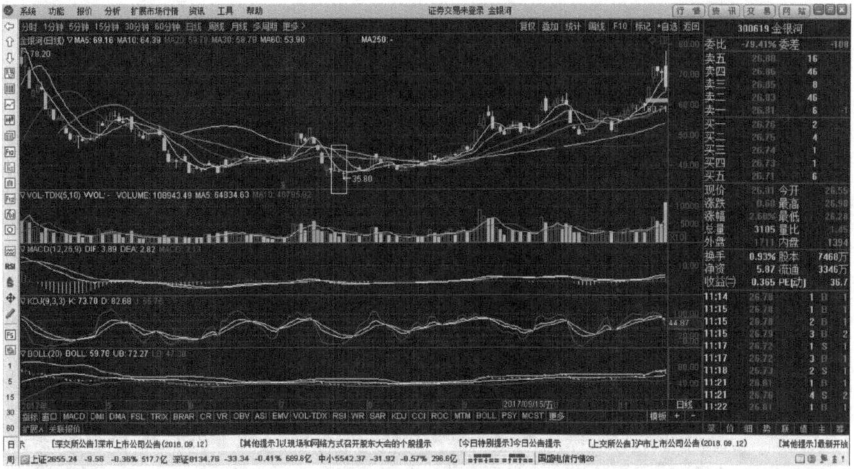

图 3－56　多针探底十字星之金银河

（七）“W”底（双重底）

下跌行情末期，空头底量下行，跌幅也越来越小，而后反弹，在前期密集成交区受阻，空头反扑进行确认，缩量小阴小阳后，在比前底更高或齐平的位置，多头再次反弹，一举突破前期阻力位，逐步走高，量能更大，便形成“W”底。底部确认成立之后，投资者就可以改变保守策略，转守为攻了。该K线组合投资者有3次获利机会。

密码：（1）位置密码：下跌行情末期；（2）形态密码：“W”底（双重底），第2个底比第1个底位置更高；（3）成交量密码：第2个底多头的量比第1个底多头的量更大；（4）确认密码：右侧上行中回踩确认缩量小阴小阳十字星，不能否定多头的上涨。

图3－57的绝味食品在底部出现“W”底（双重底），配合放量，股价上行。

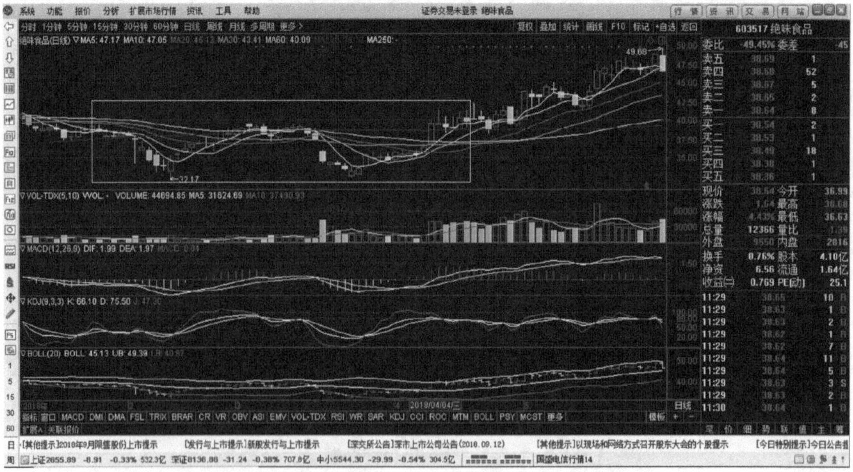

图3－57　“W”底（双重底）之绝味食品

（八）双头形态

上涨行情末期，空头下砸，在前期密集成交区受到支撑，多头反扑再次上行，在比前高更低或齐平的位置，空头再次下砸，一举击穿前期支撑位，量能更大，便形成双头形态。双头形态确认成立之后，投资者应立刻离场。

密码：（1）位置密码：上涨行情末期；（2）形态密码：双头形态，第 2 个头比第 1 个头位置更低；（3）成交量密码：第 2 个头多头的量小于第 1 个头多头的量；（4）确认密码：下跌中反弹缩量小阴小阳十字星，不能否定空头的下跌。

图 3－58 的立昂技术在顶部出现双头形态，配合多头缩量，股价下行。

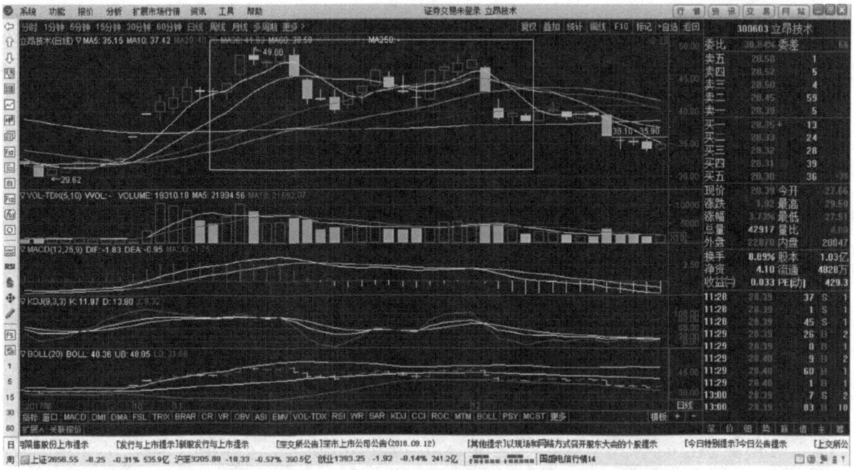

图 3－58　双头形态之立昂技术

（九）头肩顶形态

在上涨行情末期，获利盘过大，再加上解套盘，导致空头下砸，在前期密集成交区受到支撑，多头反扑再次上行，创出新高。然后遇到空头再一次反攻，股票下跌，在密集成交区再次受到支撑反攻，但成交量逐渐减少，在低于或齐平第1次上涨高度位，再次被空头下砸，成交量迅速放大，击穿支撑位，便形成头肩顶形态。头肩底形态确认成立之后，投资者应立刻离场。

密码：（1）位置密码：上涨行情末期；（2）形态密码：头肩顶形态，第2个肩比第1个肩位置更低；（3）成交量密码：第2个肩多头的量小于第1个肩多头的量；（4）确认密码：下跌中反弹缩量小阴小阳十字星，不能否定空头的下跌。

图3－59的麦达数字在顶部出现双头形态，配合多头缩量，股价下行。

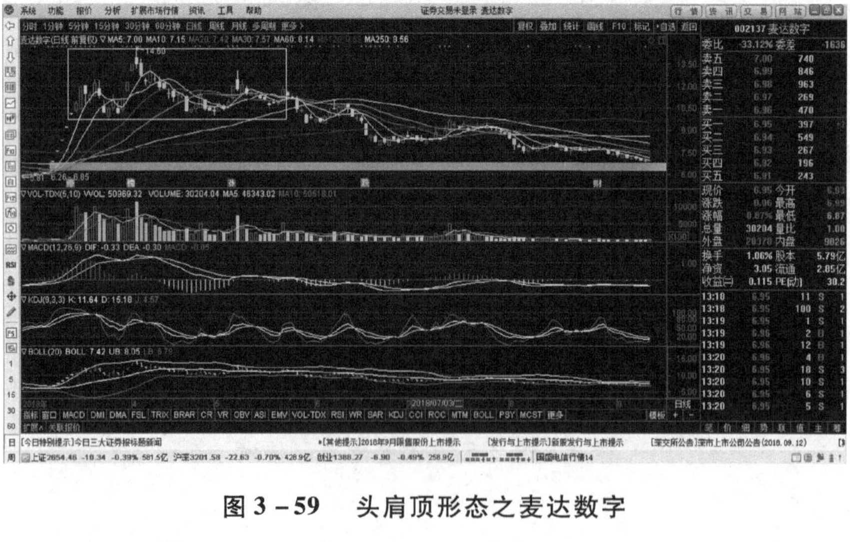

图3－59　头肩顶形态之麦达数字

（十）头肩底形态

在下跌行情末期，成交量明显减少，股票下跌趋缓，多头反弹，在前期密集成交区受阻，空头反扑进行确认，结果打穿前底。紧接着继续下跌探底，遇到多头再一次反攻，股票回升或超出第一次反弹高位，又受阻再次回档下探，在比前底更高或齐平的位置，多头再次反弹，成交量迅速放大，一举突破前期颈线阻力位，逐步走高，量能更大，形成头肩底形态。底部确认成立之后，投资者应改变保守策略，转守为攻。

密码：（1）位置密码：下跌行情末期；（2）形态密码：头肩底形态，第 2 个肩比第 1 个肩位置更高；（3）成交量密码：第 2 个肩多头的量大于第 1 个肩多头的量；（4）确认密码：上涨中回踩确认缩量小阴小阳十字星，不能否定多头的上涨。

图 3 – 60 的金鸿控股在底部出现头肩底形态，随后股价上行。

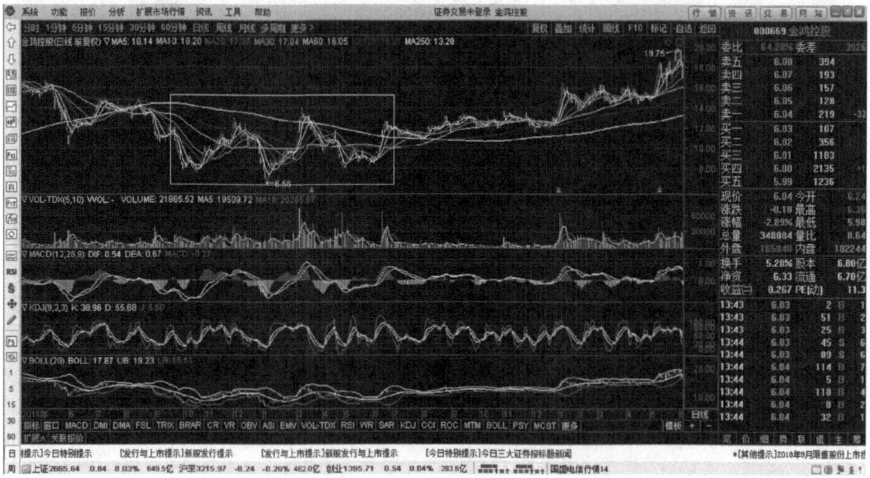

图 3 – 60　头肩底形态之金鸿控股

（十一）连阳吸筹底

筑底行情末期连续出现4条或4条以上的中小阳线，说明主力边拉边吸筹，买盘坚定，底部形成，此时稍作洗盘，多方蓄积的能量便会爆发，后市大概率上涨。此时应当分批介入，越洗盘越买。

密码：（1）位置密码：下跌行情末期；（2）形态密码：连阳吸筹底；（3）成交量密码：连阳多头温和放量；（4）确认密码：右侧回踩确认缩量小阴小阳十字星，不能否定多头的上涨。

图3－61的佩蒂股份在底部出现连阳吸筹底，主力边拉边吸筹，买盘坚定，底部形成，稍作洗盘，继续拉升上涨。

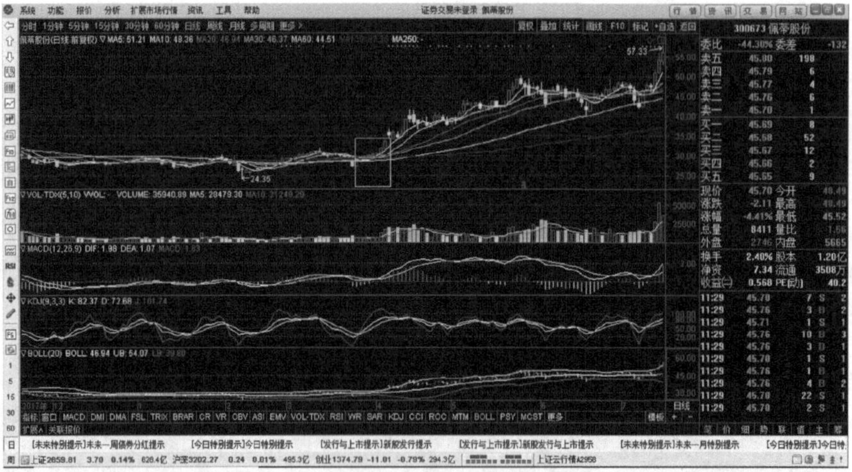

图3－61　连阳吸筹底之佩蒂股份

（十二）连阴吸筹底

下跌行情末期，空头本已耗尽，但低位却出现连续出现4条或4条以上的高开或平开低走的大中小阴线，说明主力边打压边吸筹，空尽多起，底部形成，此时稍作洗盘，多方蓄积的能量随时会爆发，后市大概率上涨。此时应当分批介入，越洗盘越买。

密码：（1）位置密码：下跌行情末期；（2）形态密码：连阴吸筹底；（3）成交量密码：左侧空头先缩量后放量再缩量，完成诱空过程，右侧放量长阳吃进被诱空卖出的便宜筹码；（4）确认密码：右侧上涨后回踩确认缩量小阴小阳十字星，不能否定多头的上涨。

图3－62的瑞康医药在底部出现连阴吸筹底，主力边打压边吸筹，空尽多起，底部形成，稍作洗盘，继续拉升上涨。

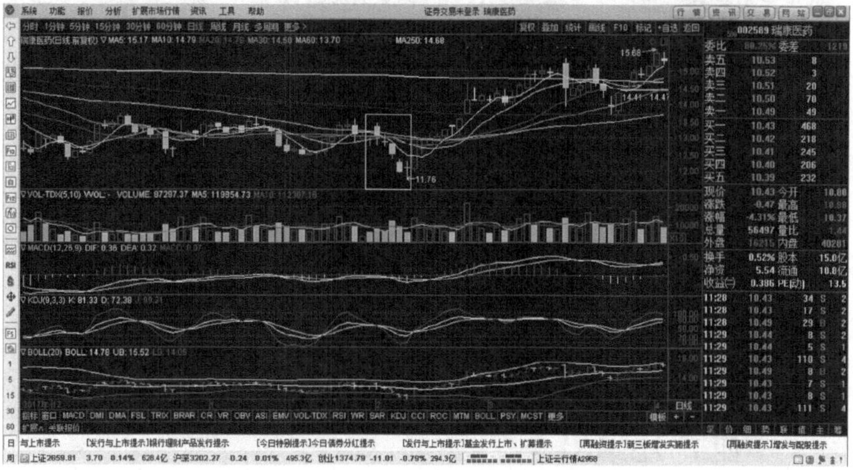

图3－62　连阴吸筹底之瑞康医药

（十三）高开双阳

上涨行情初、中期，股票跳空高开，报收阳线，第2天再次高开高走，说明多头占优走势，空头基本放弃抵抗，股票大概率快速上行，连拉阳线。此时应当分批介入，越洗盘越买。

密码：（1）位置密码：上涨行情初中期；（2）形态密码：高开双阳；（3）成交量密码：上涨放量；（4）确认密码：不确认，或回踩确认缩量小阴小阳十字星。

图 3－63 的大通燃气跳空高开，报收阳线，第 2 天再次高开并收阳线，多头占优，空头放弃抵抗，之后连续一字涨停板。

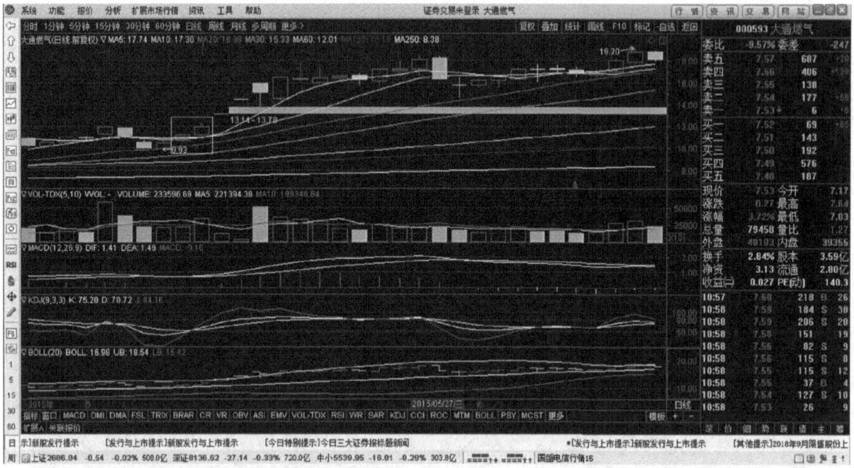

图 3－63　高开双阳之大通燃气

（十四）红旗组合

上涨行情初期，1 根大阳线突破阻力位，并上穿多根短期均线，然后再连 2 根小阳，形成红旗形态，并改变短期均线为多头排列，后势看涨。此时应当分批介入，越洗盘越买。

密码：（1）位置密码：上涨行情初中期；（2）形态密码：

红旗组合；（3）成交量密码：长阳放量；（4）确认密码：长阳后确认过程缩量上行，代表空弱，不能否定上涨。

图 3－64 的商赢环球 1 根大阳线突破阻力位，并上穿多根短期均线，然后再连 2 根小阳，形成红旗形态，之后股价继续上行。

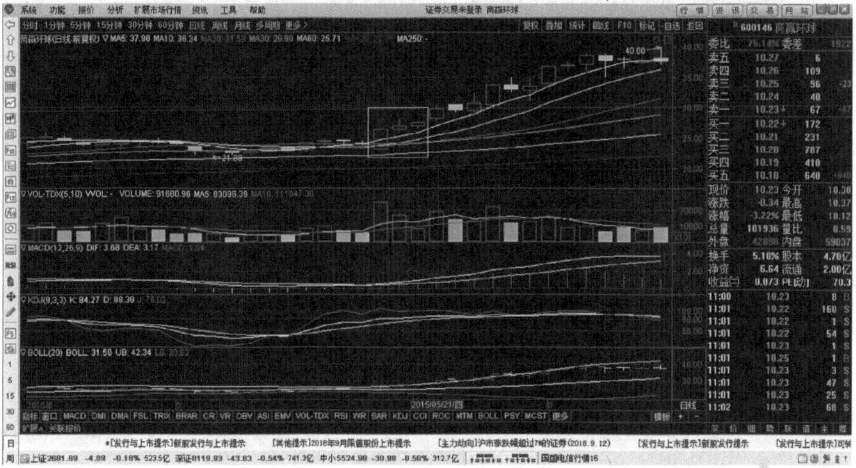

图 3－64　红旗组合之商赢环球

（十五）倒地旗形组合

上涨行情末期，1 根大阴线打穿支撑位，并击穿多根短期均线，然后再连续 2 到 3 根小阴小阳，形成倒地旗形组合形态，并改变短期均线为空头排列，后势看跌。此时应当立刻离场。

密码：（1）位置密码：上涨行情末期；（2）形态密码：倒地旗形组合；（3）成交量密码：中长阴放量；（4）确认密码：中长阴后反弹确认过程缩量小阴小阳十字星，不能否定空头下跌。

图 3－65 的中国应急 1 根大阴线打穿支撑位，并击穿多根短

期均线，然后连续数根小阴小阳，形成倒地旗形形态，之后持续下跌。

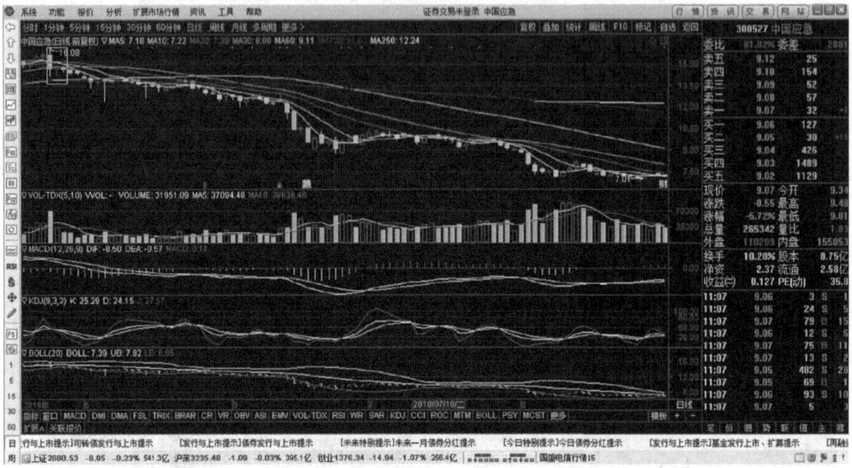

图 3－65　倒地旗形组合之中国应急

（十六）多次阳包阴

上涨行情过程中，出现两次以上中长阳线包住小阴，说明多头意愿与实力明显强于空头，后市继续看涨。此时逢阴便可介入。

密码：（1）位置密码：上涨行情初中期；（2）形态密码：多次阳包阴；（3）成交量密码：阳量大于阴量；（4）确认密码：不确认或右侧回踩确认缩量小阴小阳十字星，不能否定多头上涨。

图 3－66 的通光线缆出现多次阳包阴形态，之后持续上行。

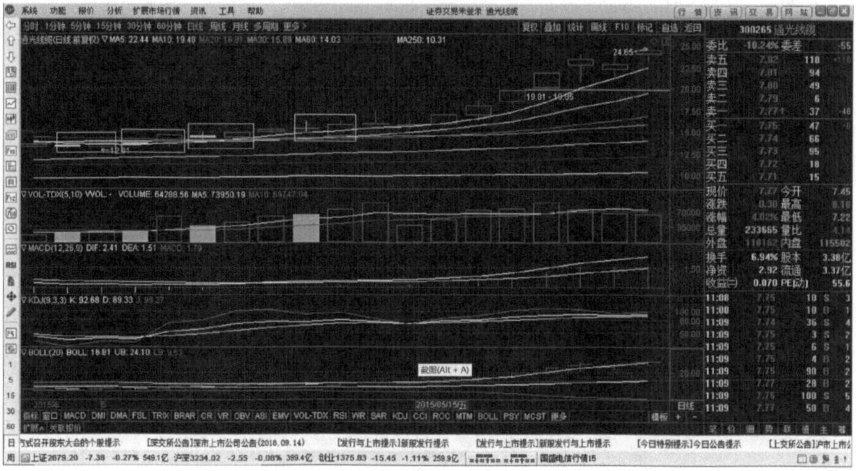

图 3－66　多次阳包阴之通光线缆

（十七）多次阴包阳

下跌行情过程中，出现两次以上中长阴线包住小阳，说明空头意愿与实力明显强于多头，后市继续看跌。此时离场。

密码：(1) 位置密码：上涨行情末期；(2) 形态密码：倒地旗形组合；(3) 成交量密码：阴量大于阳量，说明空头意愿大于多头意愿；或阴量小于阳量，说明多头意愿很弱，空头只需一点力量便能阴包阳；(4) 确认密码：不确认，或反弹确认小阴小阳十字星，不能否定空头下跌。

图 3－67 的宝德股份出现多次阴包阳形态，之后持续下行。

（十八）黄昏双星

上涨行情末期，高位连续出现 2 根十字星，之后多头开始出

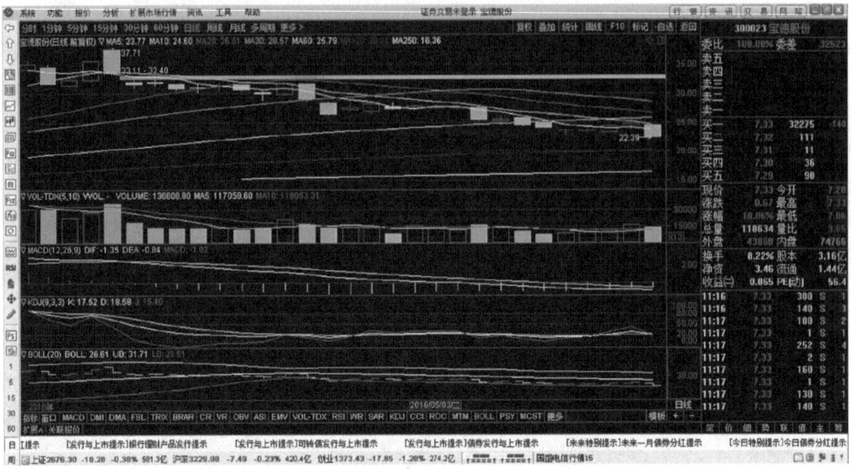

图 3－67　多次阴包阳之宝德股份

现缩量态势，意味着多头耗尽，拐点出现，风险随时来临。此时应该立刻离场。

密码：（1）位置密码：上涨行情末期；（2）形态密码：黄昏双星；（3）成交量密码：多头逐渐缩量；（4）确认密码：多头反弹不能有效否定空头下跌。

图 3－68 的宝德股份上涨行情末期，高位连续出现 2 根十字星，之后多头开始出现缩量态势，之后持续下行。

（十九）缩量连小阳

上涨行情末期，连续出现 2 根或多根缩量小阳线，意味着多头耗尽，拐点出现，风险随时来临。此时应该立刻离场。

密码：（1）位置密码：上涨行情末期；（2）形态密码：缩量连小阳；（3）成交量密码：多头逐渐缩量；（4）确认密码：

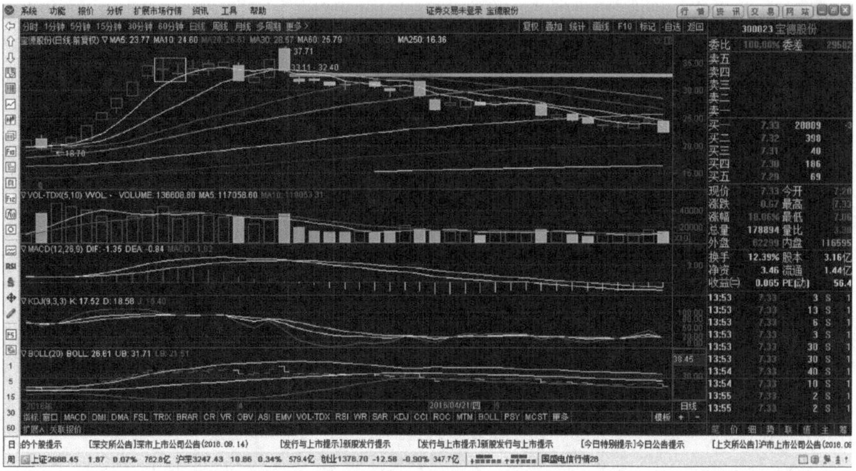

图 3－68　黄昏双星之宝德股份

不用确认。

图 3－69 的当升科技上涨行情末期，连续出现多根缩量小阳线，多头耗尽，之后持续下跌。

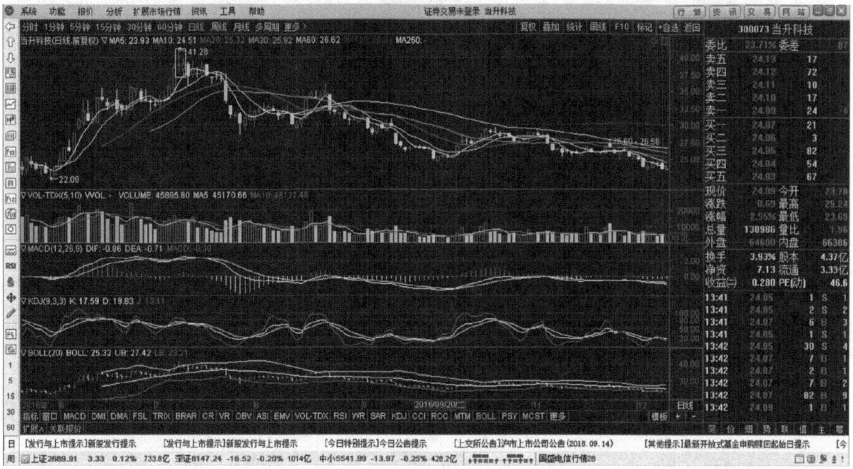

图 3－69　缩量连小阳之当升科技

（二十）缩量连小阴

下跌反弹过程中，K线图中连续出现4根以上整体缩量小阴线，说明反弹结束，行情继续下跌。立刻离场。

密码：（1）位置密码：反弹末期；（2）形态密码：缩量连小阴；（3）成交量密码：空头整体缩量；（4）确认密码：不用确认。

图3－70的惠博普出现缩量连小阴形态，之后持续下跌。

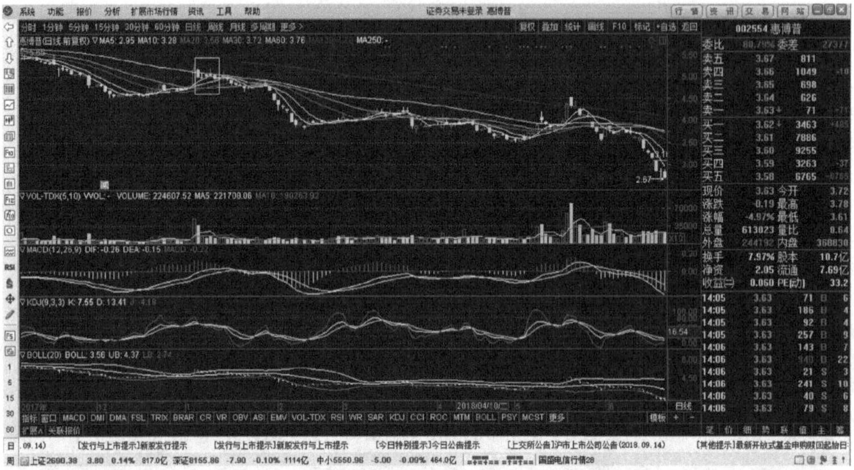

图3－70　缩量连小阴之惠博普

（二十一）黑三兵

上涨行情末期，K线图中连续出现3根中小阴线，之后反弹未能有效否定跌幅，说明下跌成立，上涨行情结束，行情转为下跌。立刻离场。

密码：（1）位置密码：上涨行情末期；（2）形态密码：黑

三兵；（3）成交量密码：空头的量大于多头的量；（4）确认密码：多头反弹不能有效否定空头下跌。

图 3－71 的中科曙光出现黑三兵形态，之后反弹未能有效否定跌幅，之后持续下跌。

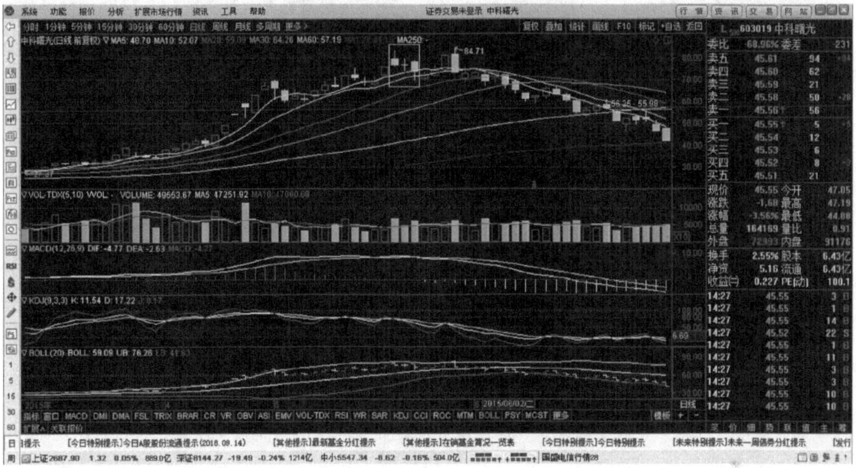

图 3－71　黑三兵之中科曙光

（二十二）双阳伴侣线

上涨行情过程中，股票跳空高开，报收阳线，第 2 天低开与第 1 天齐平，形成两阳线跳空平底，两天具有相同的开市价，实体也具有差不多相同的高度。说明多头占优走势，空头基本放弃抵抗，股票大概率继续上行。此时应当分批介入，越洗盘越买。

密码：（1）位置密码：上涨过程中；（2）形态密码：双阳伴侣线，第 2 根阳线没有下影线；（3）成交量密码：第 2 根阳量小于第 1 根阳量；（4）确认密码：不用确认。

图 3－72 的煌上煌上涨途中出现双阳伴侣线，之后股价继续上行。

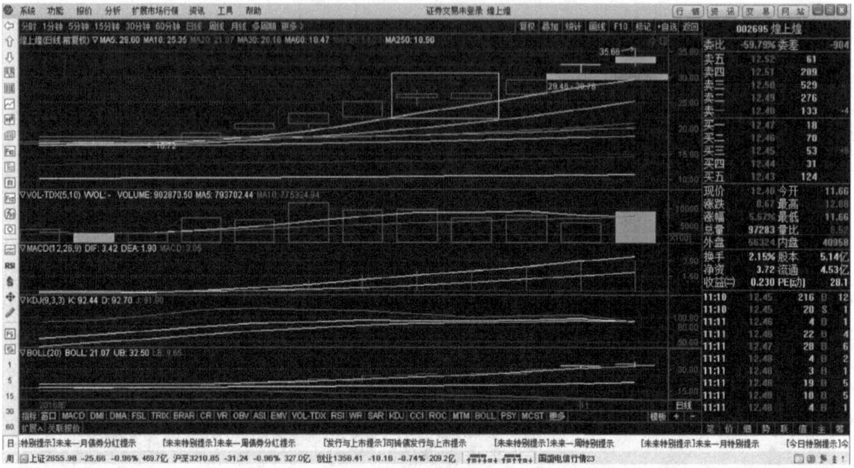

图 3－72　双阳伴侣线之煌上煌

（二十三）穿头破脚阴包阳

在上涨行情末期，上涨趋缓，当第 1 天的阳线实体较小，而第 2 天阴线的实体较大，同时量能也放大，预示着空头意愿和实力开始反超多头，多头无力继续推动上涨行情，容易被获利盘和解套盘空头打垮，后市大概率看跌。此时应立刻离场。

密码：（1）位置密码：上涨行情末期；（2）形态密码：穿头破脚阴包阳；（3）成交量密码：空头的量大于多头的量；（4）确认密码：多头反弹确认小阴小阳十字星，不能有效否定空头下跌。

图 3－73 的美联新材在上涨行情末期连续出现穿头破脚阴包阳形态，之后股价持续下行。

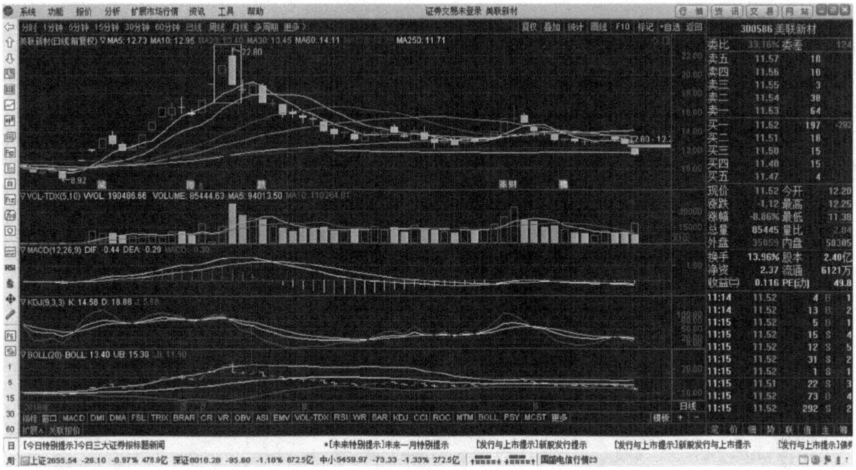

图 3－73　穿头破脚阴包阳之美联新材

（二十四）穿头破脚阳包阴

在上涨行情过程中，当第 1 天的阴线实体较小，而第 2 天阳线的实体较大，同时量能也放大，预示着多头意愿和实力强于空头，后市继续看涨。此时应当分批介入，越洗盘越买。

密码：（1）位置密码：上涨行情过程中；（2）形态密码：穿头破脚阳包阴；（3）成交量密码：多头的量大于空头的量；（4）确认密码：不用确认或空头回踩确认不能有效否定多头上涨。

图 3－74 的通光线缆底部连续出现穿头破脚阳包阴形态，之后股价持续上行。

（二十五）两阴夹否一阳

在上涨行情的末期，出现 1 根中大阴线，第 2 天中小阳线，

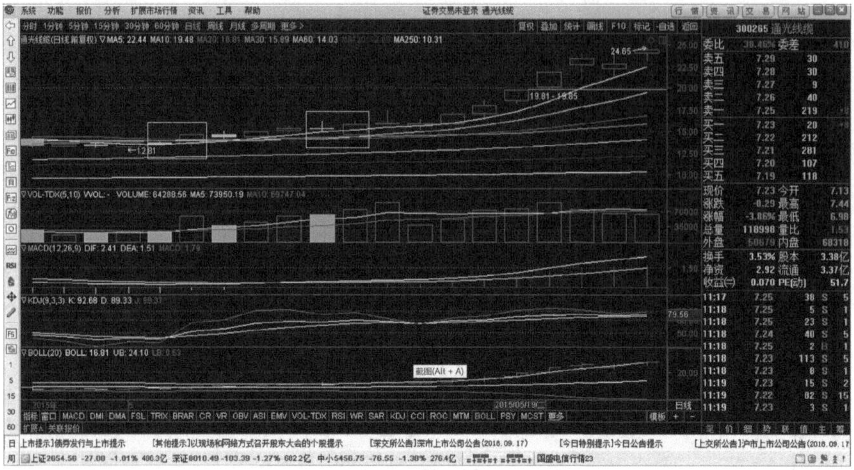

图 3－74　穿头破脚阳包阴之通光线缆

第 3 天再次中大阴线，并将中小阳线吞没，说明空头意愿和实力开始反超多头，多头无力继续推动上涨行情，后市大概率看跌。此时应立刻离场。

密码：(1) 位置密码：上涨行情末期；(2) 形态密码：两阴夹否一阳；(3) 成交量密码：空头阴线的量大于多头阳线的量；(4) 确认密码：不用确认。

图 3－75 的通产丽星顶部区域出现两阴夹否一阳形态，之后持续下跌。

（二十六）两阴夹否二阳

在上涨行情的末期，出现 1 根中大阴线，第 2 天、第 3 天中小阳线，第 4 天再次中大阴线，并将 2 根中小阳线吞没，说明空头意愿和实力开始反超多头，多头无力继续推动上涨行情，后市

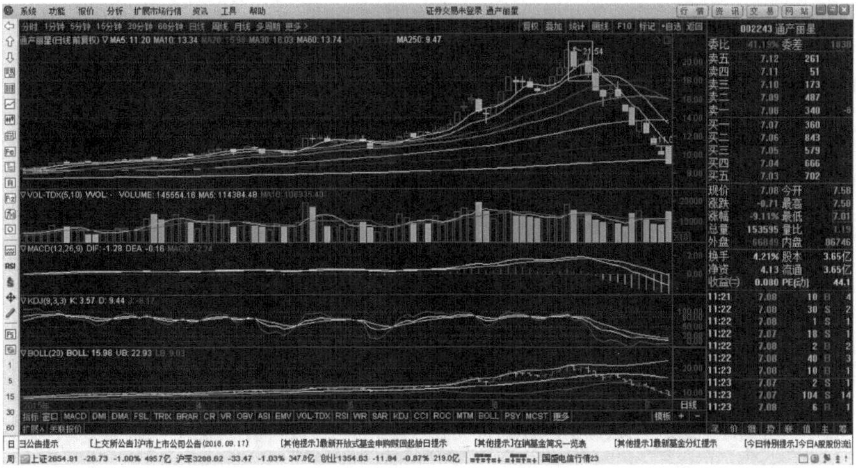

图 3－75　两阴夹否一阳通产丽星

大概率看跌。此时应立刻离场。

密码：(1) 位置密码：上涨行情末期；(2) 形态密码：两阴夹否二阳；(3) 成交量密码：空头阴线的量大于多头阳线的量；(4) 确认密码：不用确认。

图 3－76 的德创环保顶部区域出现两阴夹否二阳形态，之后股价持续下跌。

(二十七) 两阴夹否三阳

在上涨行情的末期，出现 1 根中大阴线，第 2 天、第 3 天、第 4 天中小阳线，第 5 天再次中大阴线，并将 3 根中小阳线吞没，说明空头意愿和实力开始反超多头，多头无力继续推动上涨行情，后市大概率看跌。此时应立刻离场。

密码：(1) 位置密码：上涨行情末期；(2) 形态密码：两

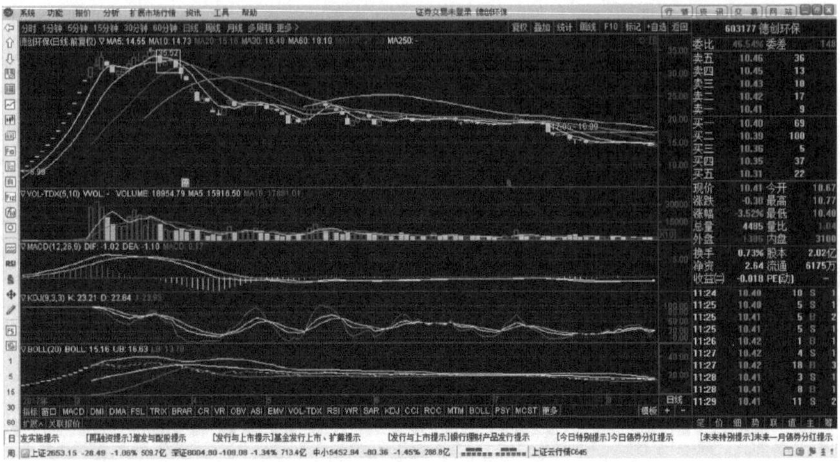

图 3－76　两阴夹否二阳之德创环保

阴夹否三阳；（3）成交量密码：空头阴线的量大于多头阳线的量；（4）确认密码：多头反弹确认小阴小阳十字星，不能有效否定空头下跌。

图 3－77 的科达利在上涨行情末期出现两阴夹否三阳形态，将 3 根中小阳线吞没，之后股价持续下跌。

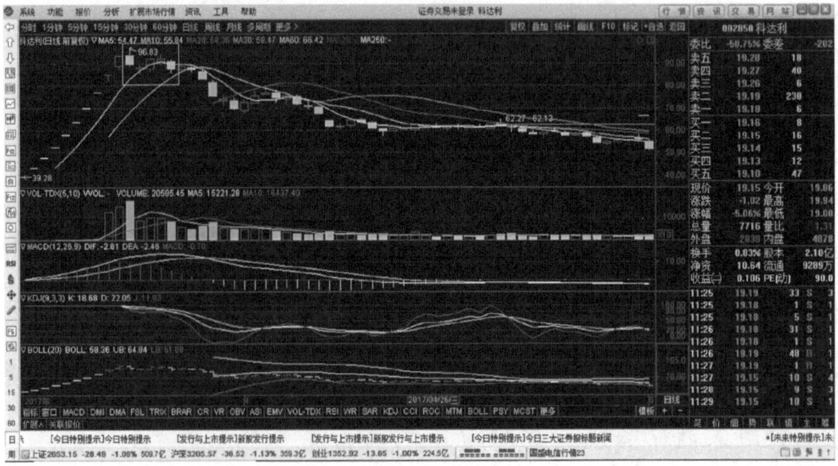

图 3－77　两阴夹否三阳之科达利

（二十八）两阳夹否一阴

在下跌行情的末期，出现1根中大阳线，第2天中小阴线，第3天再次中大阳线，并将中小阴线吞没，说明多头意愿和实力开始反超空头，后市大概率看涨。此时应当分批介入，越洗盘越买。

密码：（1）位置密码：下跌行情末期；（2）形态密码：两阳夹否一阴；（3）成交量密码：多头阳线的量大于空头阴线的量；（4）确认密码：空头回踩确认小阴小阳十字星，不能有效否定多头上涨。

图3－78的金盾股份在下跌行情的末期，出现两阳夹否一阴形态，将小阴线吞没，多头意愿和实力开始反超空头，之后股价持续上涨。

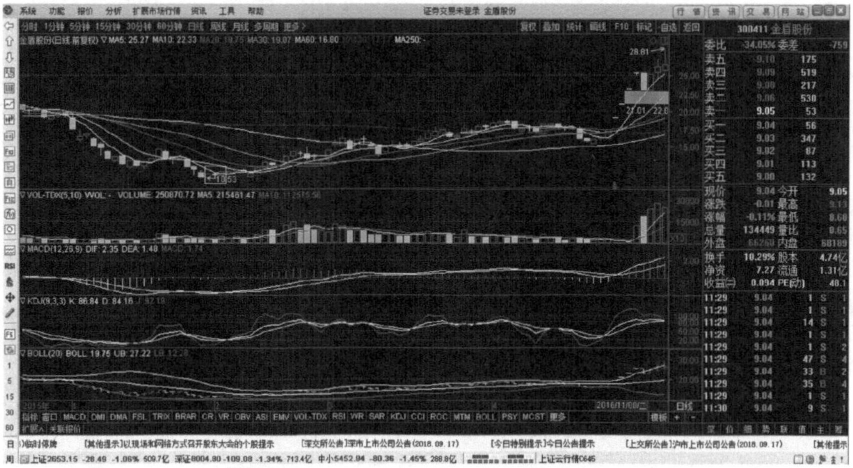

图3－78　两阳夹否一阴之金盾股份

（二十九）两阳夹否二阴

在下跌行情的末期，出现 1 根中大阳线，第 2 天、第 3 天中小阴线，第 4 天再次中大阳线，并将 2 根中小阴线吞没，说明多头意愿和实力开始反超空头，后市大概率看涨。此时应当分批介入，越洗盘越买。

密码：（1）位置密码：下跌行情末期；（2）形态密码：两阳夹否二阴；（3）成交量密码：多头阳线的量大于空头阴线的量；（4）确认密码：空头回踩确认小阴小阳十字星，不能有效否定多头上涨。

图 3－79 的通光线缆在底部盘整末期，出现两阳夹否二阴形态，将阴线吞没，多头意愿和实力开始反超空头，之后股价持续上涨。

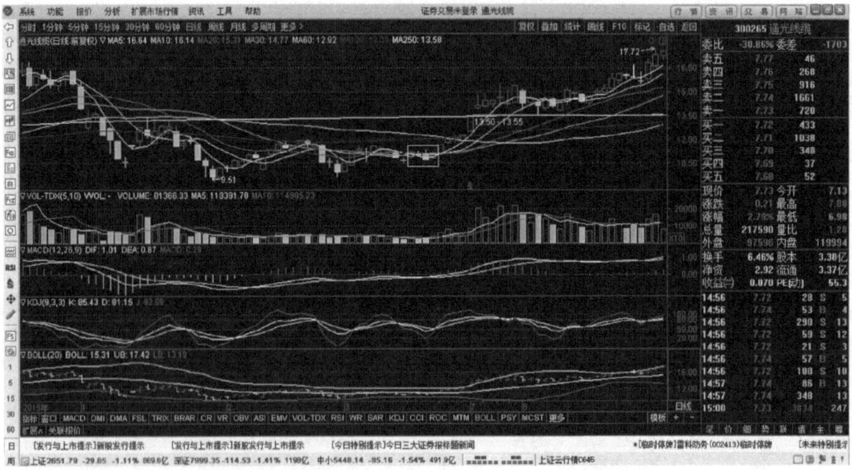

图 3－79　两阳夹否二阴之通光线缆

（三十）两阳或多阳夹否三阴

在下跌行情的末期，出现1根中大阳线或2到3根中小阳线，然后又出现3根中小阴线，之后再出现1根中大阳线或2到3根中小阳线，并将中间3根中小阴线吞没，说明多头意愿和实力开始反超空头，后市大概率看涨。此时应当分批介入，越洗盘越买。

密码：（1）位置密码：下跌行情末期；（2）形态密码：两阳夹否三阴；（3）成交量密码：多头阳线的量大于空头阴线的量；（4）确认密码：空头回踩确认小阴小阳十字星，不能有效否定多头上涨。

图3－80的惠威科技在筑底行情的末期，出现多阳夹否三阴形态，并将中间3根中小阴线吞没，之后快速拉升。

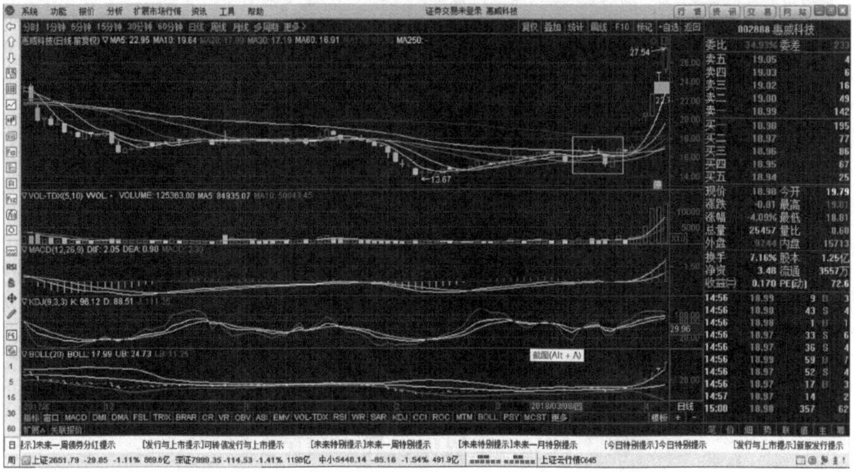

图3－80　两阳或多阳夹否三阴之惠威科技

（三十一）阳阴伴侣底

在下跌行情的末期，空头力量耗尽，多头发力反弹报收中大阳线，第2日空头反扑报收中大阴线，第3日多头再发力反弹报收中大阳线，第4日空头再反扑报收中大阴线，其间多头量能逐渐加大，空头量能逐渐减少，最终实现量能扭转，即形成阳阴伴侣底部。此时应当分批介入，越洗盘越买。

密码：（1）位置密码：下跌行情末期；（2）形态密码：阳阴伴侣底；（3）成交量密码：多头量能逐渐加大，空头量能逐渐减少；（4）确认密码：不用确认。

图3－81的莱茵生物在底部盘整末期出现阳阴伴侣底，之后快速拉升。

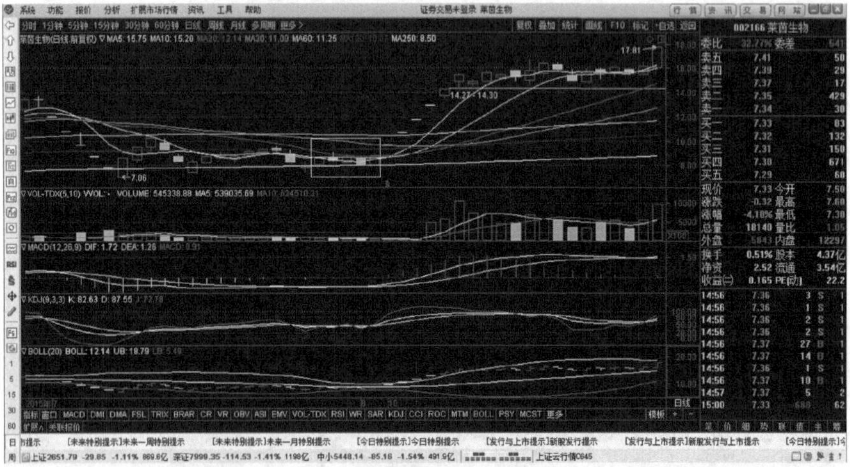

图3－81　阳阴伴侣底之莱茵生物

（三十二）阳星孕底

下跌行情末期，空头力量耗尽，多头发力反弹报收中长阳线，第 2 日空头反扑但只报收阳线实体内十字星线，进一步确认空头耗尽，拐点出现。此时应当分批介入，越洗盘越买。

密码：（1）位置密码：下跌行情末期；（2）形态密码：阳星孕底；（3）成交量密码：多头阳线的量大于空头星线的量；（4）确认密码：空头回踩确认小阴小阳十字星，不能有效否定多头上涨。

图 3－82 的海欣食品在连续下跌行情末期，出现阳星孕底，确认空头耗尽，之后股价持续拉升。

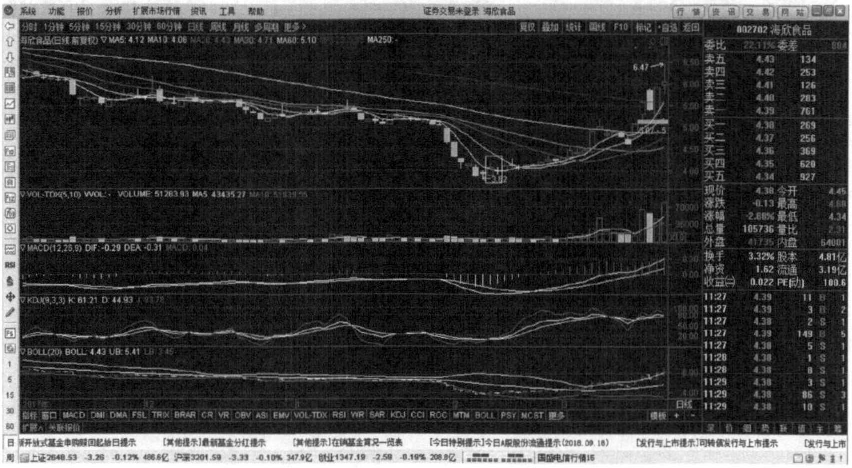

图 3－82　阳星孕底之海欣食品

（三十三）阳星中继

上涨行情过程中，多头继续发力报收中长阳线，第 2 日空头反扑但只报收阳线实体内十字星孕线，说明空头意愿和实力不强，行情继续上涨。此时应当分批介入，越洗盘越买。

密码：（1）位置密码：上涨过程中；（2）形态密码：阳星中继；（3）成交量密码：多头阳线的量大于空头阴线的量；（4）确认密码：空头回踩确认小阴小阳十字星，不能有效否定多头上涨。

图 3－83 的特力 A 在上涨过程中，出现阳星中继形态，说明空头意愿和实力不强，之后股价继续上涨。

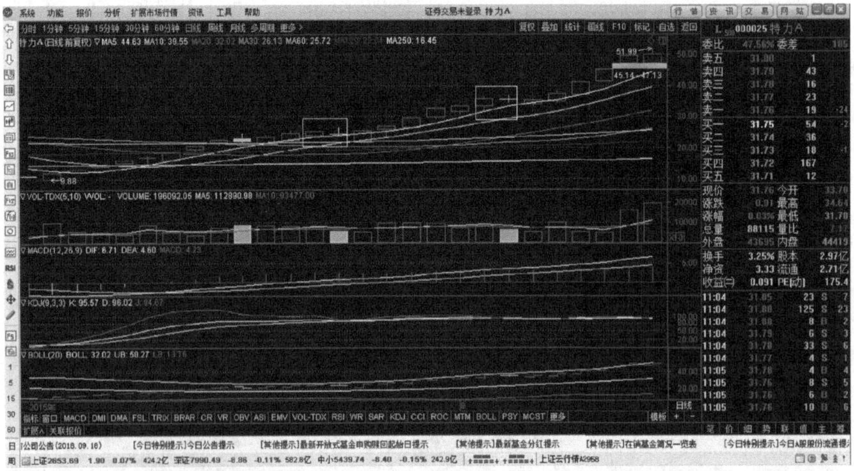

图 3－83　阳星中继之特力 A

（三十四）阳星孕顶

上涨行情末期，多头发力报收中长阳线，第 2 日本当继续发力却只报收阳线实体内十字星孕线，说明多头不愿再追高，观望气氛浓厚，拐点概率性出现。此时应当离场。

密码：（1）位置密码：上涨行情末期；（2）形态密码：阳星孕顶；（3）成交量密码：多头星线缩量；（4）确认密码：不用确认。

图 3－84 的长川科技在上涨行情末期，出现阳星孕顶形态，说明多头不愿再追高，之后股价持续下跌。

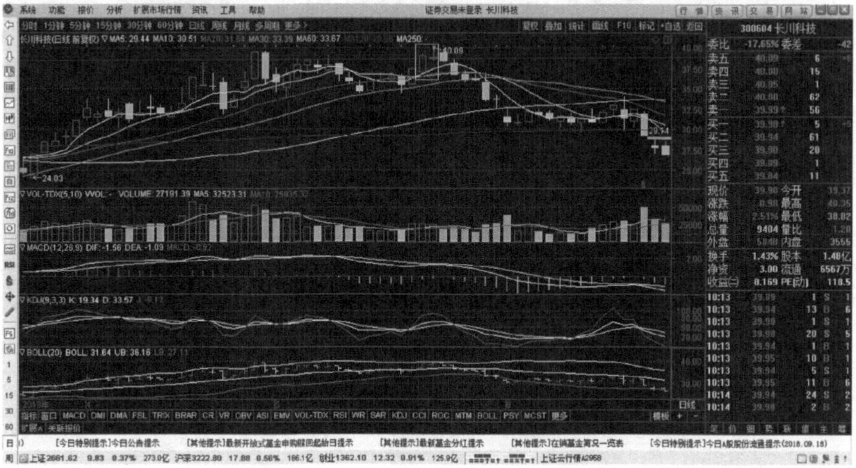

图 3－84　阳星孕顶之长川科技

（三十五）阳孕见底

下跌行情末期，空头力量耗尽，多头发力反弹报收中长阳线，第 2 日空头反扑但只报收阳线实体内小阴小阳线，进一步确认空头耗尽，拐点出现。此时应当分批介入，越洗盘越买。

密码：（1）位置密码：下跌行情末期；（2）形态密码：阳孕见底；（3）成交量密码：多头阳线的量大于空头孕线的量；（4）确认密码：空头回踩确认小阴小阳十字星，不能有效否定多头上涨。

图 3－85 的京威股份在连续下跌行情末期，出现阳孕见底形态，确认空头耗尽，之后股价持续上涨。

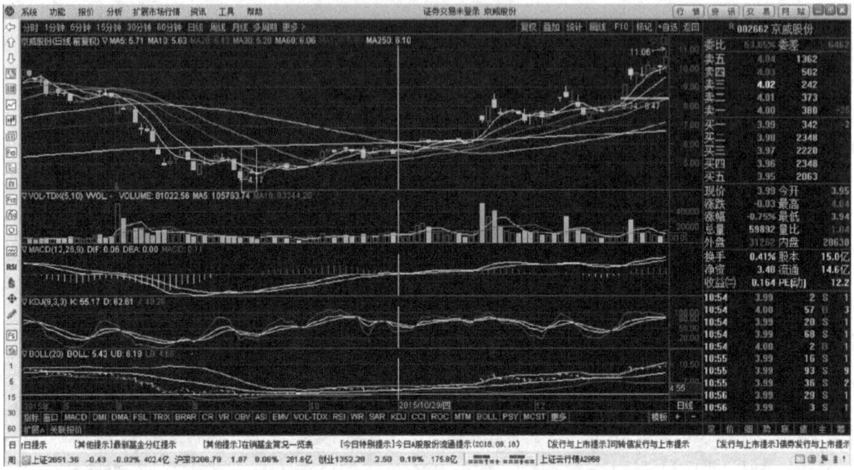

图 3－85　阳孕见底之京威股份

（三十六）阳孕中继

上涨行情过程中，多头继续发力报收中长阳线，第 2 日空头反扑但只报收阳线实体内小阴小阳孕线，说明空头意愿和实力不强，行情继续上涨。此时应当分批介入，越洗盘越买。

密码：（1）位置密码：上涨过程中；（2）形态密码：两阳夹一阴；（3）成交量密码：多头阳线的量大于空头孕线的量；（4）确认密码：空头回踩确认小阴小阳十字星，不能有效否定多头上涨。

图 3－86 的飞天诚信在上涨过程中，出现阳孕中继形态，说

明空头意愿和实力不强，之后股价继续上涨。

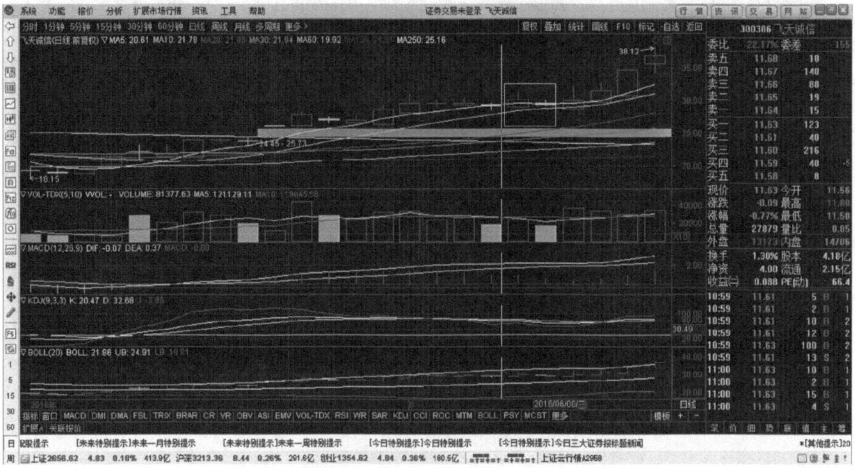

图 3－86　阳孕中继之飞天诚信

（三十七）阳孕见顶

上涨行情末期，多头发力报收中长阳线，第 2 日本当继续发力却只报收阳线实体内小阴小阳孕线，说明多头不愿再追高，观望气氛浓厚，拐点概率性出现。此时应当离场。

密码：（1）位置：上涨行情末期；（2）形态密码：阳孕见顶；（3）成交量密码：多头孕线缩量；（4）确认密码：不用确认或多头再次上行确认缩量小阴小阳十字星，代表多头意愿和力量衰竭。

图 3－87 的科林环保在上涨行情末期，出现阳孕见顶形态，说明多头不愿再追高，之后股价连续下跌。

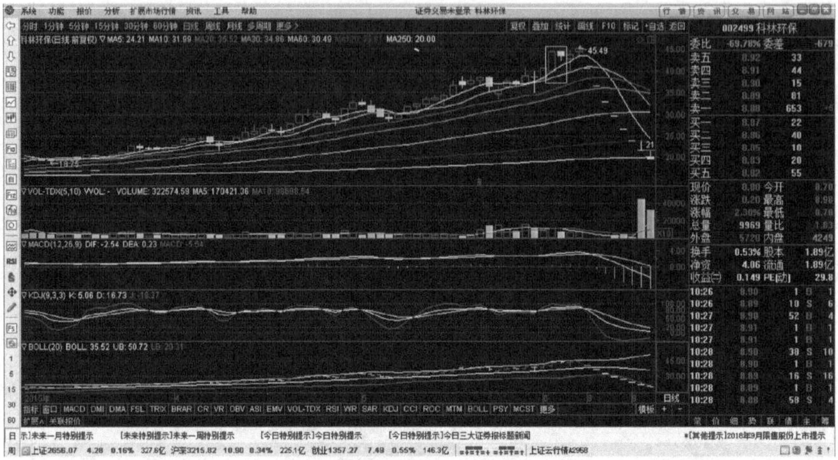

图 3-87　阳孕见顶之科林环保

（三十八）阴星孕底

下跌行情末期，空头拼力下砸报收中长阴线，第 2 天本应乘胜追击，却被多头反扑，高价开盘，空头虽然全力压制，但只报收阴线实体内十字星孕线，空头短期内耗尽，拐点概率性出现。此时可以分批介入，越洗盘越买。

密码：（1）位置：下跌行情末期；（2）形态密码：阴星孕底；（3）成交量密码：空头孕线缩量；（4）确认密码：次日确认小阴小阳十字星，无法继续下跌，代表空头意愿和力量衰竭。

图 3-88 的长川科技在连续下跌行情末期，出现阴星孕底形态，空头短期内耗尽，之后股价持续上涨。

（三十九）阴星孕顶

上涨行情末期，多头消耗过大，空头开始发力报收中长阴

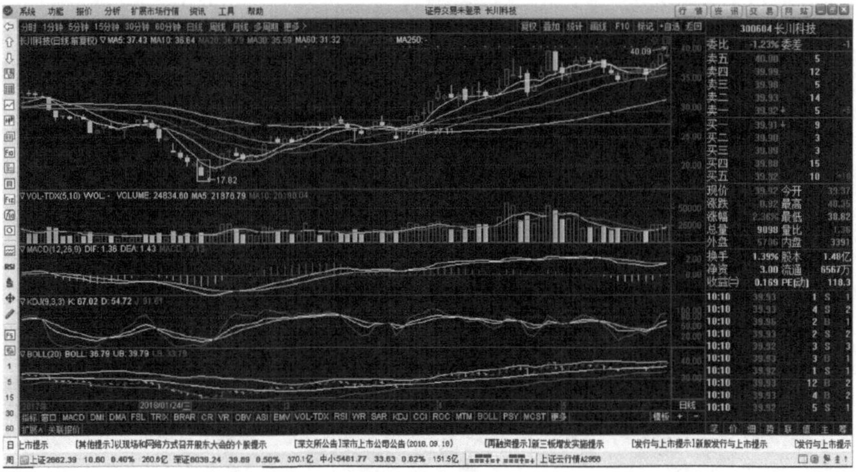

图 3－88　阴星孕底之长川科技

线，次日多头反扑却只能报收阴线实体内十字星孕线，说明多头耗尽，拐点大概率出现。此时应当离场。

密码：(1) 位置：上涨行情末期；(2) 形态密码：阴星孕顶；(3) 成交量密码：多头星线的量小于空头阴线的量；(4) 确认密码：不用确认。

图 3－89 的威华股份在上涨行情末期，出现阴星孕顶，说明多头耗尽，之后股价持续下跌。

(四十) 阴孕见底

下跌行情末期，空头拼力下砸报收中长阴线，第 2 天本应乘胜追击，却被多头反扑，高价开盘，空头虽然全力压制，但只报收阴线实体内小阴小阳孕线，空头短期内耗尽，无力将股价再砸下一个台阶，拐点概率性出现。此时可以分批介入，越

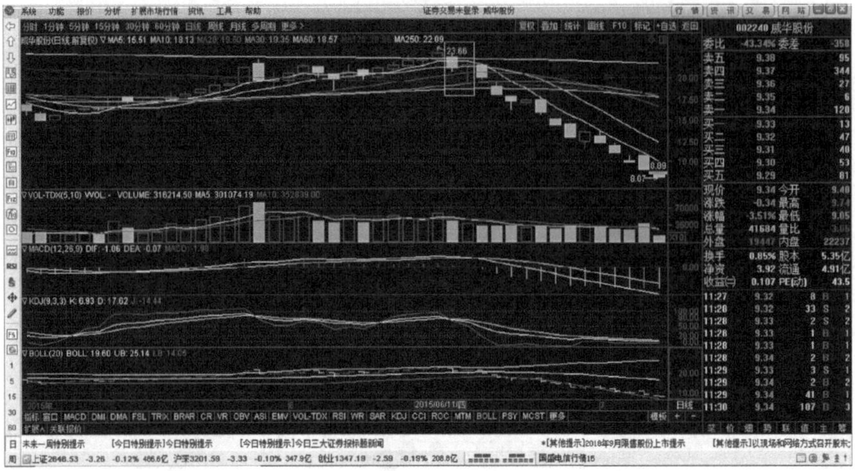

图 3－89　阴星孕顶之威华股份

洗盘越买。

密码：（1）位置：下跌行情末期；（2）形态密码：阴孕见底；（3）成交量密码：空头孕线缩量；（4）确认密码：次日确认小阴小阳十字星，无法继续下跌，代表空头意愿和力量衰竭。

图 3－90 的贵州燃气在连续下跌行情末期，出现阴孕见底形态，空头短期内耗尽，之后股价持续上行。

（四十一）阴孕见顶

上涨行情末期，多头消耗过大，空头开始发力报收中长阴线，次日多头反扑却只能报收阴线实体内小阴小阳孕线，说明多头耗尽，拐点大概率出现。此时应当离场。

密码：（1）位置密码：上涨行情末期；（2）形态密码：阴孕见顶；（3）成交量密码：多头孕线的量小于空头阴线的量；

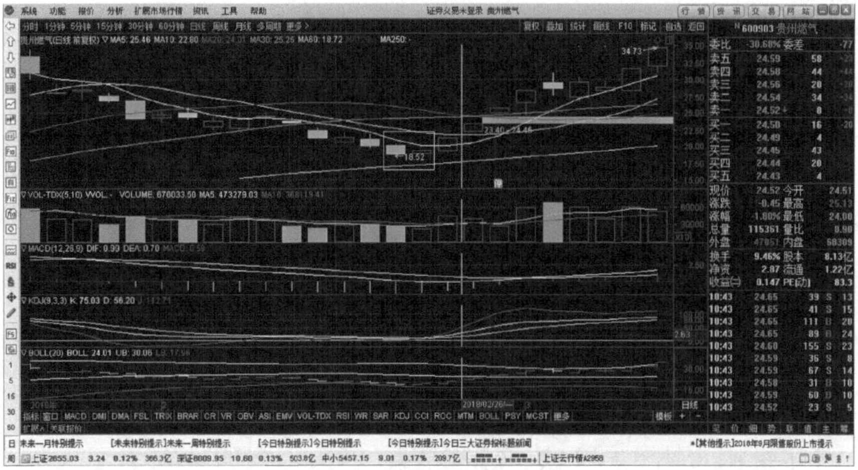

图 3－90 阴孕见底之贵州燃气

（4）确认密码：不用确认或多头再次上行确认缩量小阴小阳十字星，代表多头意愿和力量衰竭。

图 3－91 的蓝海华腾在上涨行情末期，出现阴孕见顶形态，说明多头耗尽，之后股价持续下跌。

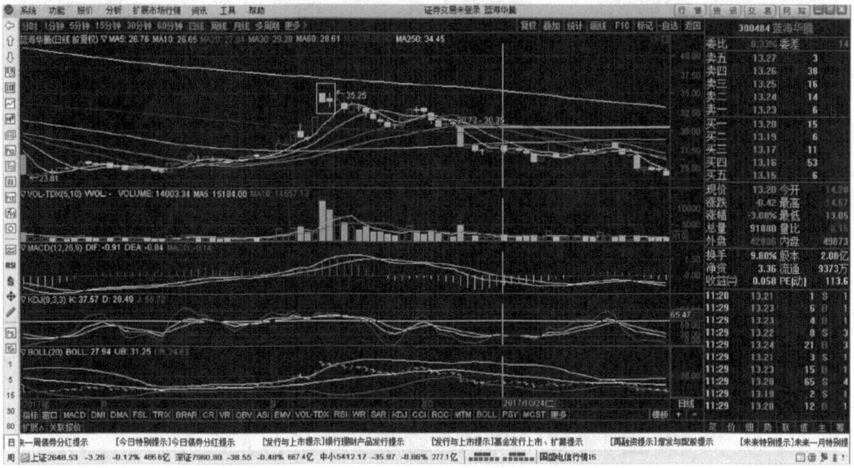

图 3－91 阴孕见顶之蓝海华腾

（四十二）上涨中继阳否阴

上涨行情过程中，出现 1 根实体的跳空高开的中小阴线，次日又出现平开或高开的中大阳线，并将前 1 根阴线全部覆盖，这种 K 线组合表明空头被否定，上涨趋势未改。此时应当分批介入，越洗盘越买。

密码：（1）位置密码：上涨行情过程中；（2）形态密码：上涨中继阳否阴；（3）成交量密码：多头阳线的量大于空头阴线的量；（4）确认密码：不用确认或空头回踩确认小阴小阳十字星，不能否定多头的上涨。

图 3－92 的乐视网上涨行情过程中，出现上涨中继阳否阴形态，表明空头被否定，之后股价继续上涨。

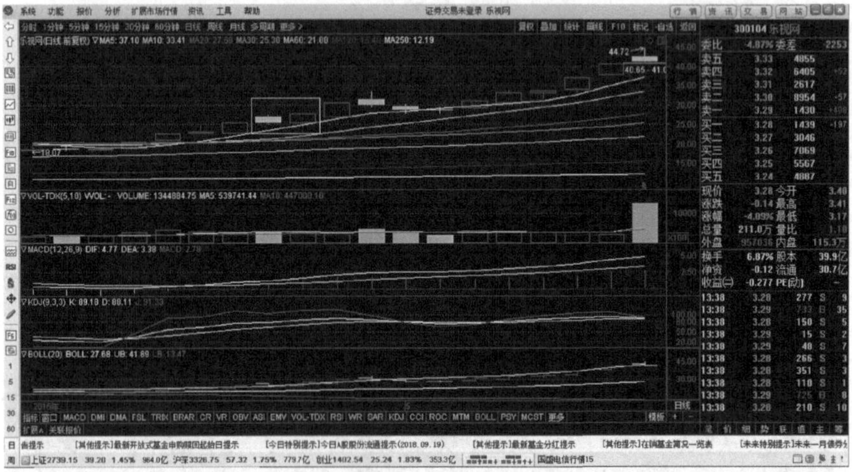

图 3－92　上涨中继阳否阴之乐视网

（四十三）上涨中继阴不否阳

上涨行情过程中，出现1根中大阳线，次日又出现1根实体的中小阴线，但并不能覆盖前1根中大阳线，这种K线组合表明空头未能否定多头，上涨趋势未改。此时应当分批介入，越洗盘越买。

密码：（1）位置密码：上涨行情过程中；（2）形态密码：上涨中继阴不否阳；（3）成交量密码：空头阴线的量小于多头阳线的量；（4）确认密码：不用确认或继续回踩下行小阴小阳十字星，依然不能否定多头上涨。

图3－93的山东路桥上涨行情过程中，出现上涨中继阴不否阳形态，表明空头未能否定多头，之后股价继续上涨。

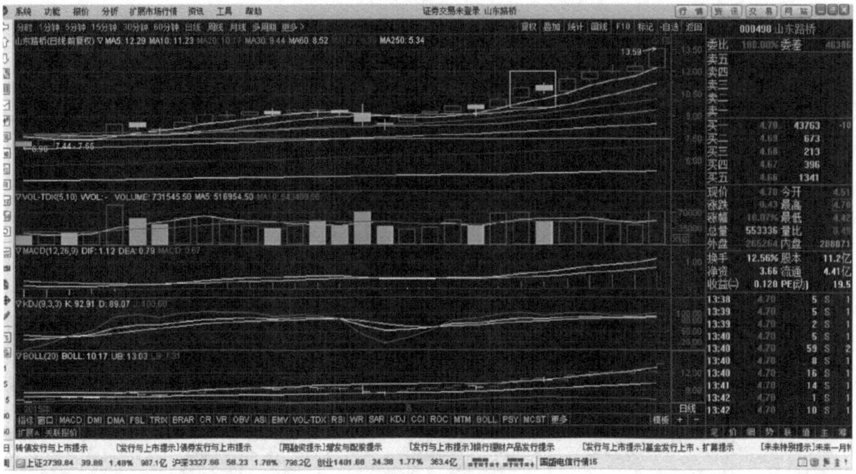

图3－93　上涨中继阴不否阳之山东路桥

（四十四）下跌中继阴否阳

下跌行情过程中，出现1根实体的跳空低开的中小阳线，次日又出现1根平开或低开的中大阴线，并将前1根中小阳线全部覆盖，这种K线组合表明多头被否定，下跌趋势未改。此时应当离场。

密码：（1）位置密码：下跌行情过程中；（2）形态密码：下跌中继阴否阳；（3）成交量密码：或者空头阴线的量大于多头阳线的量，代表空头的意愿大于多头的意愿；或者空头阴线的量小于多头阳线的量，说明空头缩量也能否定多头的反弹，代表多头反弹衰竭；（4）确认密码：不用确认或多头继续反弹确认小阴小阳十字星，不能否定空头的下跌。

图3-94的雏鹰农牧下跌行情过程中，出现下跌中继阴否阳形态，表明多头被否定，之后股价继续下跌。

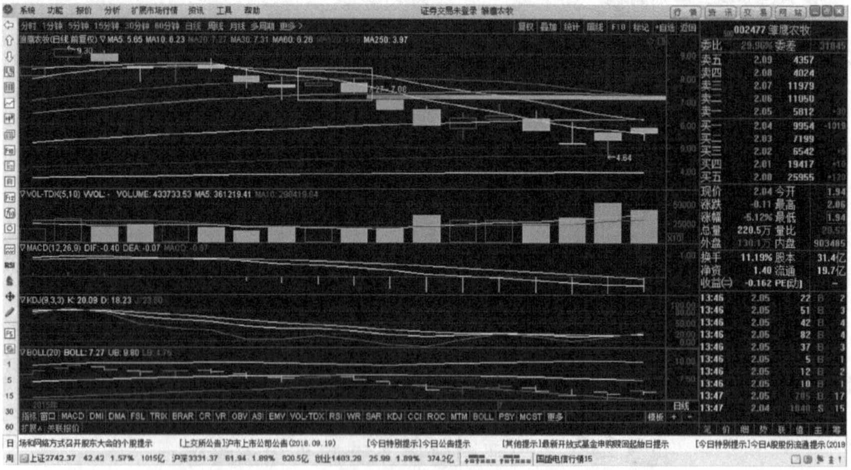

图3-94　下跌中继阴否阳之雏鹰农牧

（四十五）下跌中继阳不否阴

下跌行情过程中，出现1根实体中大阴线，次日又出现1根的平开或低开的中小阳线，但并不能将前一根阴线覆盖，这种K线组合表明多头未能否定空头，下跌趋势未改。此时应当离场。

密码：（1）位置密码：下跌行情过程中；（2）形态密码：下跌中继阳不否阴；（3）成交量密码：或者多头阳线的量小于空头阴线的量，代表多头的意愿小于空头的意愿；或者多头阳线的量大于空头阴线的量，说明多头放量也不能否定空头的下跌，代表空头的力量很大；（4）确认密码：不用确认或多头继续反弹确认小阴小阳十字星，依然不能否定空头的下跌。

图3－95盛洋科技下跌行情过程中，出现下跌中继阳不否阴，表明多头未能否定空头，之后股价继续下跌。

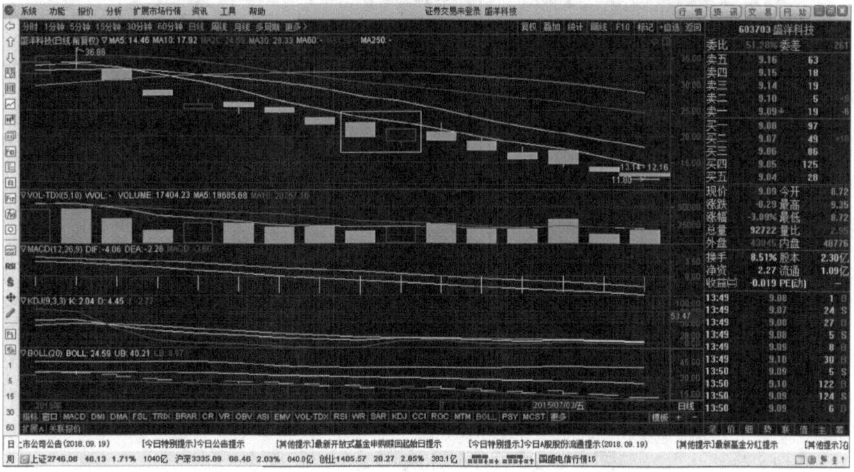

图3－95　下跌中继阳不否阴之盛洋科技

（四十六）双阴被认可

上涨行情末期，1 根中长阳线拔起，仿似要加速上行，结果第 2 天、第 3 天连续 2 根中长阴线否定最后的中长阳线，第 4 天、第 5 天、第 6 天多头反扑 3 天都不能否定 1 根中长阴线，则双阴被多头认可，下跌成立。此时立刻离场。

密码：（1）位置密码：上涨行情末期；（2）形态密码：双阴被认可；（3）成交量密码：多头确认阳线的量小于空头阴线的量；（4）确认密码：多头反弹确认小阴小阳十字星，不能否定空头的下跌。

图 3 –96 的大禹节水上涨行情末期，出现双阴认可形态，之后股价下跌。

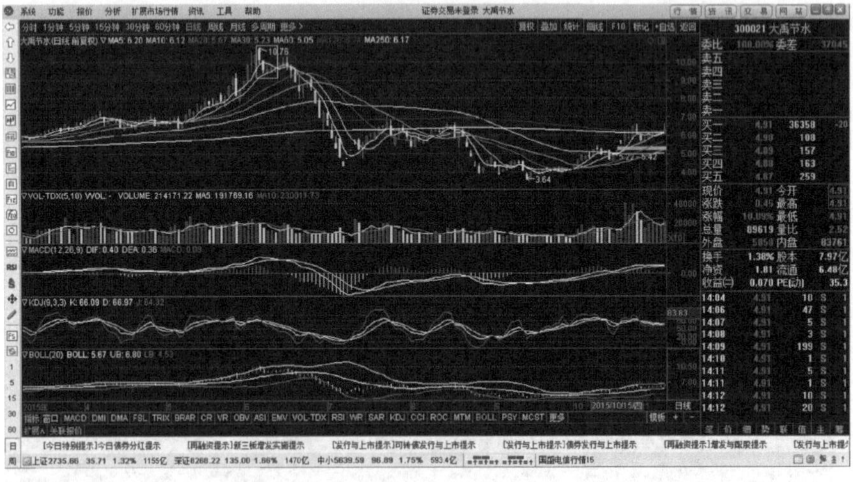

图 3 –96　双阴认可之大禹节水

（四十七）双阳被认可

下跌行情末期，1 根中长阴线下砸，仿似要加速下跌，结果第 2 天、第 3 天连续两根中长阳线否定最后的中长阴线第 4 天、第 5 天、第 6 天多头反扑 3 天都不能否定 1 根中长阳线，则双阳被空头认可，上涨成立。此时应当分批介入，越洗盘越买。

密码：（1）位置密码：下跌行情末期；（2）形态密码：双阳被认可；（3）成交量密码：多头阳线的量大于空头回踩确认阴线的量；（4）确认密码：空头回踩确认小阴小阳十字星，不能否定多头的上涨。

图 3－97 的亿纬锂能在短期下跌行情末期，出现双阳认可形态，则双阳被空头认可，之后股价上涨。

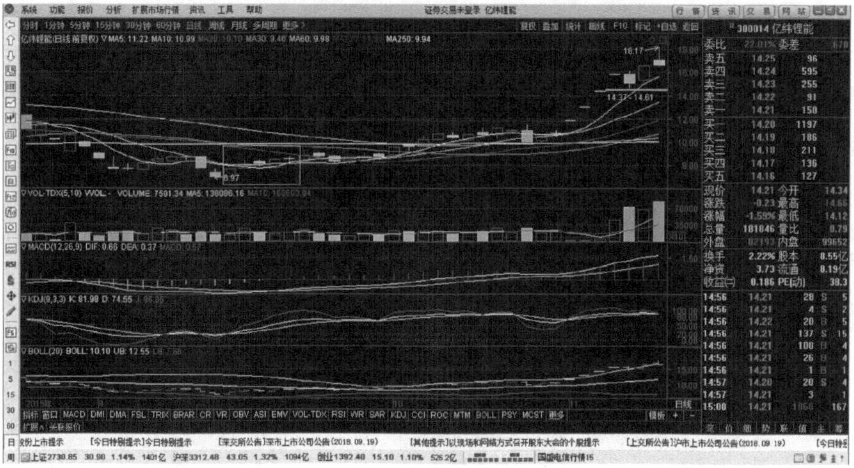

图 3－97　双阳认可之亿纬锂能

（四十八）阴不否阳跳空高开

上涨行情过程中，产生了 1 根向上跳空高开的阳线，第 2 天虽然报收阴线，但与第 1 天相比，既不穿头也不破脚，量能也不能放大，说明空头不否定多头的跳空高开，原上涨趋势将持续。此时应当分批介入，越洗盘越买。

密码：（1）位置密码：上涨行情过程中；（2）形态密码：阴不否阳跳空高开；（3）成交量密码：空头阴线的量小于多头阳线的量；（4）确认密码：不用确认或空头继续回踩确认小阴小阳十字星，依然不能否定多头的跳空高开。

图 3 – 98 的金盾股份上涨过程中，出现阴不否阳跳空高开形态，说明空头不否定多头的跳空高开，之后股价继续上涨。

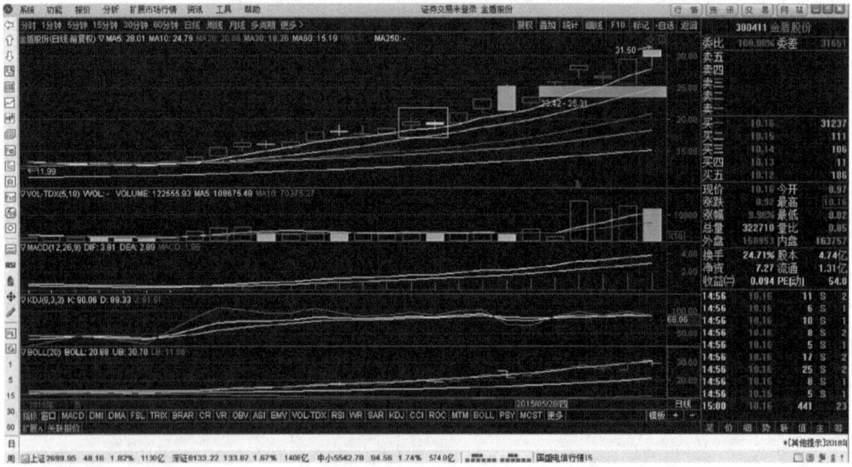

图 3 – 98　阴不否阳跳空高开之金盾股份

（四十九）阳不否阴跳空低开

下跌行情过程中，产生了1根向下跳空低开的阴线，第2天虽然报收阳线，但与第1天相比，既不穿头也不破脚，量能也不能放大，说明多头不否定空头的跳空低开，原下跌趋势将持续。此时立刻离场。

密码：（1）位置密码：下跌行情过程中；（2）形态密码：阳不否阴跳空低开；（3）成交量密码：或者多头阳线的量小于空头阴线的量，代表多头的意愿小于空头的意愿；或者多头阳线的量大于空头阴线的量，说明多头放量反弹也不能否定空头的下跌，代表空头力量很大；（4）确认密码：不用确认或多头继续反弹确认小阴小阳十字星，依然不能否定空头的跳空低开。

图3－99领益智造下跌过程中，出现阳不否阴跳空低开形态，说明多头不否定空头的跳空低开，之后股价继续下跌。

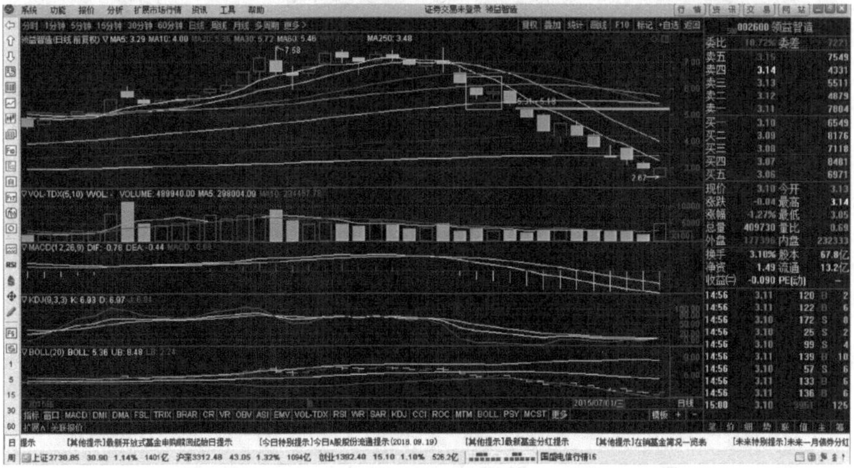

图3－99　阳不否阴跳空低开之领益智造

（五十）低开未遂双阳伴侣

上涨行情过程中，产生了 1 根向上跳空缺口并报收阳线，第 2 天空头反扑低开却未能收阴线，与第 1 天相比，两天开市价都几近相同，说明连续两日空头否定不了多头的跳空高开缺口，原上涨趋势将持续。此时应当分批介入，越洗盘越买。

密码：（1）位置密码：上涨行情过程中；（2）形态密码：低开未遂双阳伴侣；（3）成交量密码：第 2 根空头阳线的量小于第 1 根多头阳线的量；（4）确认密码：不用确认或空头回踩确认小阴小阳十字星，不能否定多头的上涨。

图 3 – 100 的号百控股上涨过程中，出现低开未遂双阳伴侣形态，说明连续两日空头否定不了多头的跳空高开缺口，之后股价继续上涨。

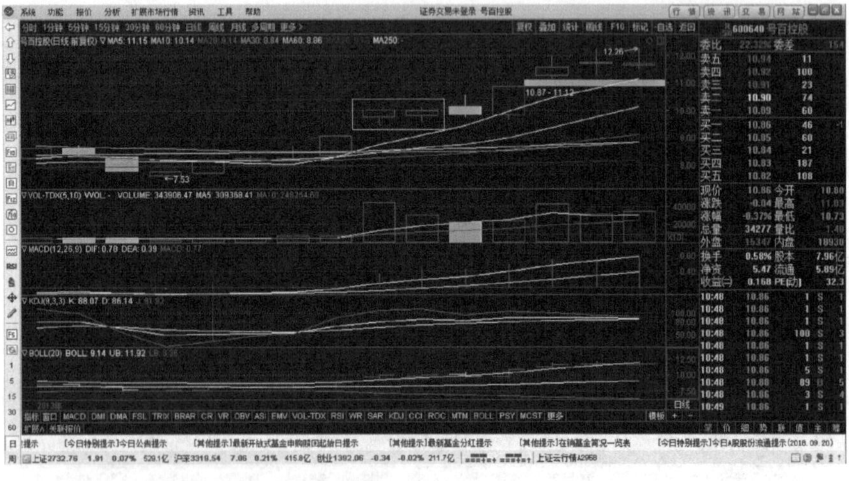

图 3 – 100　低开未遂双阳伴侣之号百控股

（五十一）双阳不否下跌

下跌行情过程中，产生了1根向下跳空低开的假阳线，并留下跳空缺口，第2天继续报收阳线，但与第1天相比，收市价都几近相同，说明连续两日多头不否定空头的跳空低开缺口，原下跌趋势将持续。此时立刻离场。

密码：（1）位置密码：下跌行情过程中；（2）形态密码：双阳不否下跌；（3）成交量密码：多头反弹阳线缩量；（4）确认密码：不用确认或多头继续反弹确认小阴小阳十字星，依然不能否定空头的跳空低开。

图3－101宁波韵升下跌过程中，出现双阳不否下跌形态，说明连续两日多头不否定空头的跳空低开缺口，之后股价继续下跌。

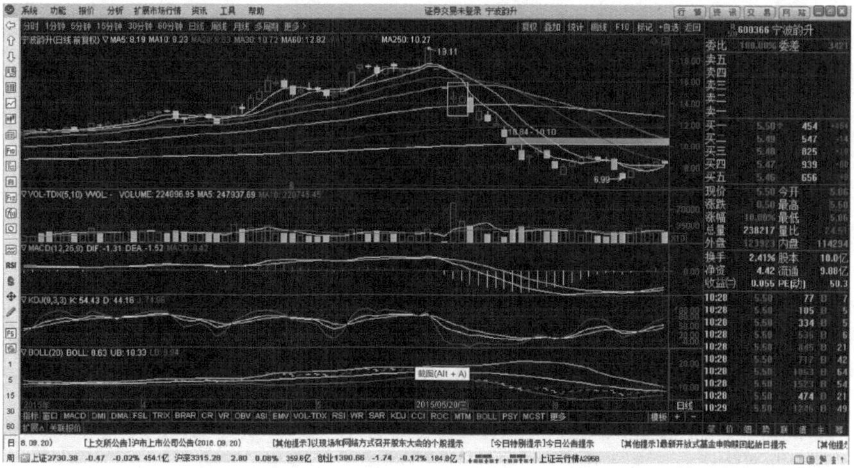

图3－101　双阳不否下跌之宁波韵升

（五十二）双阴不否上涨

上涨行情过程中，产生了1根向上跳空高开的假阴线，并留下跳空缺口，第2天继续报收阴线，但与第1天相比，收市价都几近相同，说明连续两日空头不否定多头的跳空高开缺口，原上涨趋势将持续。此时应当分批介入，越洗盘越买。

密码：（1）位置密码：上涨行情过程中；（2）形态密码：双阴不否上涨；（3）成交量密码：第2根阴线的量小于第1根阴线的量；（4）确认密码：不用确认或空头继续回踩确认，依然不能否定双阴的跳空高开。

图3－102的方大炭素在上涨过程中，出现双阴不否上涨形态，说明连续两日空头不否定多头的跳空高开缺口，之后股价继续上涨。

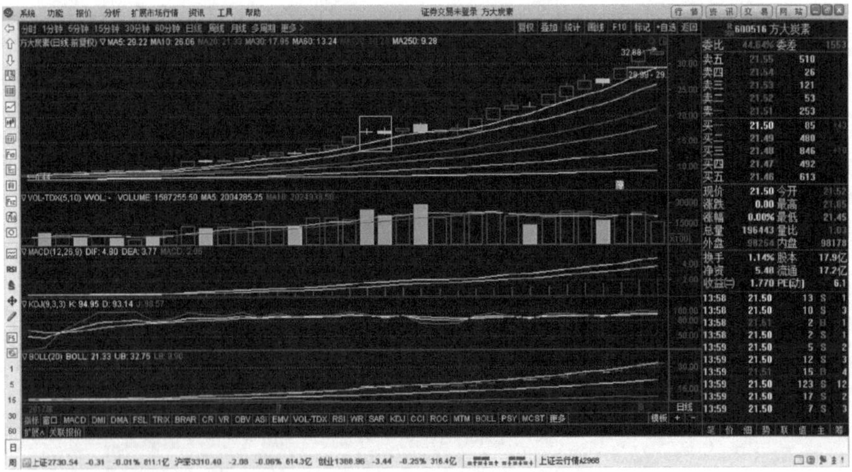

图3－102　双阴不否上涨之方大炭素

（五十三）中长阴乌云盖顶

上涨行情末期，多头意愿和力量耗尽，虽然多头最后一击报收中阳，但次日空头发力报收光头的中长阴线，特别是，当开市价突破某重要的阻挡位，收盘却未能守住，并且之后 3 日以内均不能否定这根中长阴线，则意味着多方已经无力控制市场了，拐点确定性来临，下跌行情立刻开启。此时立刻离场。

密码：（1）位置密码：上涨行情末期；（2）形态密码：中长阴乌云盖顶；（3）成交量密码：或者空头阴线的量小于多头阳线的量，却能中长阴收盘，说明多头力量衰竭；或者空头阴线的量大于多头阳线的量，说明空头的意愿大于多头的意愿；（4）确认密码：不用确认或多头反弹确认小阴小阳十字星，不能否定空头的下跌。

图 3－103 的南方汇通在主升行情末期，出现中长阴乌云盖顶形态，多方已经无力控制市场了，之后股价持续下跌。

（五十四）突破前跳空长阴试盘

低位横盘末期，盘顶处股票大幅向上跳空开盘，随后高开低走，重回横盘区域收市，之后数日维持横盘格局，此即为突破前跳空长阴试盘。主力试盘之后，便可知突破带来的空头意愿和实力大致如何。之后的横盘以洗盘为主，直到量能多头明显优势。此时应当分批介入，越洗盘越买。

密码：（1）位置密码：低位横盘末期；（2）形态密码：突破前跳空长阴试盘；（3）成交量密码：阴线放量；（4）确认密

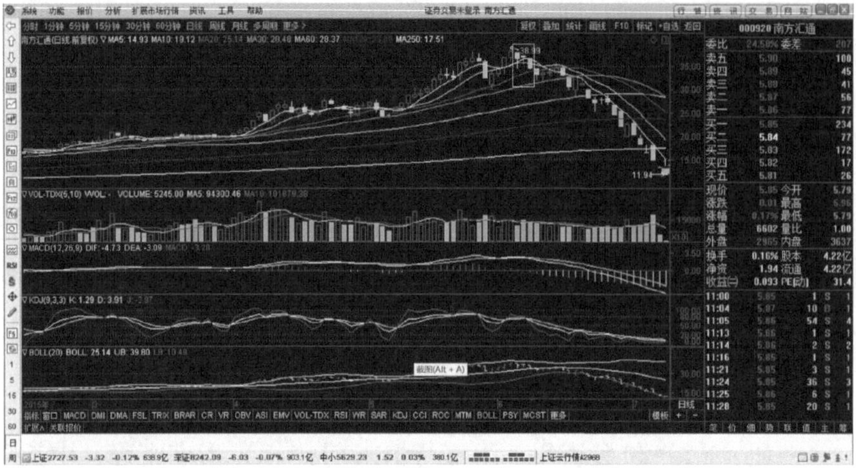

图 3－103　中长阴乌云盖顶之南方汇通

码：缩量小阴小阳确认洗盘。

图 3－104 的长信科技在低位横盘过程中，出现突破前跳空长阴试盘形态，之后的横盘以洗盘为主，到量能多头明显优势后股价拉升。

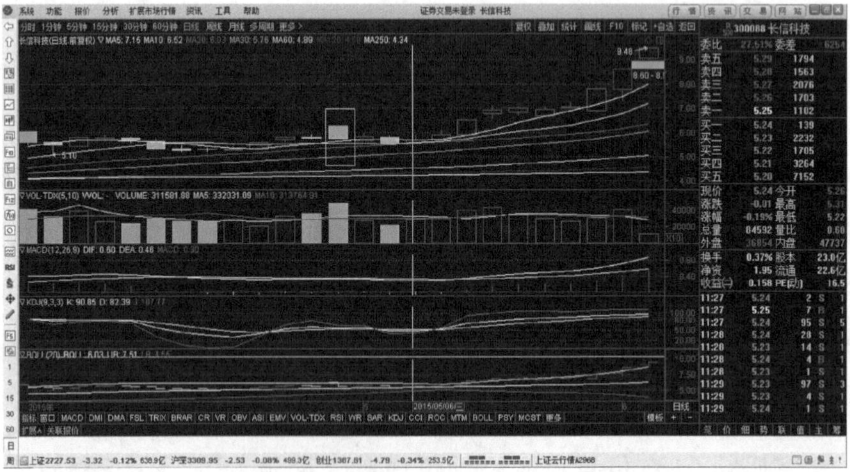

图 3－104　突破前跳空长阴试盘之长信科技

（五十五）突破前长影试盘

低位横盘末期，底部已经十分扎实，盘顶处股票大幅拉升，尾市回落至较低位收盘，留下长上影线，此即为突破前跳空长影试盘。主力长影试盘，意味着筹码收集已经完成，之后随时可能会展开上攻。此时应当分批介入，越洗盘越买。

密码：（1）位置密码：上涨行情过程中；（2）形态密码：突破前长影试盘；（3）成交量密码：长影K线放量；（4）确认密码：缩量小阴小阳十字星确认洗盘，或单日缩量中长阴洗盘。

图3－105的珠海港在低位横盘较长时间后，出现突破前长影试盘形态，筹码收集已经完成，量能扭转后拉升。

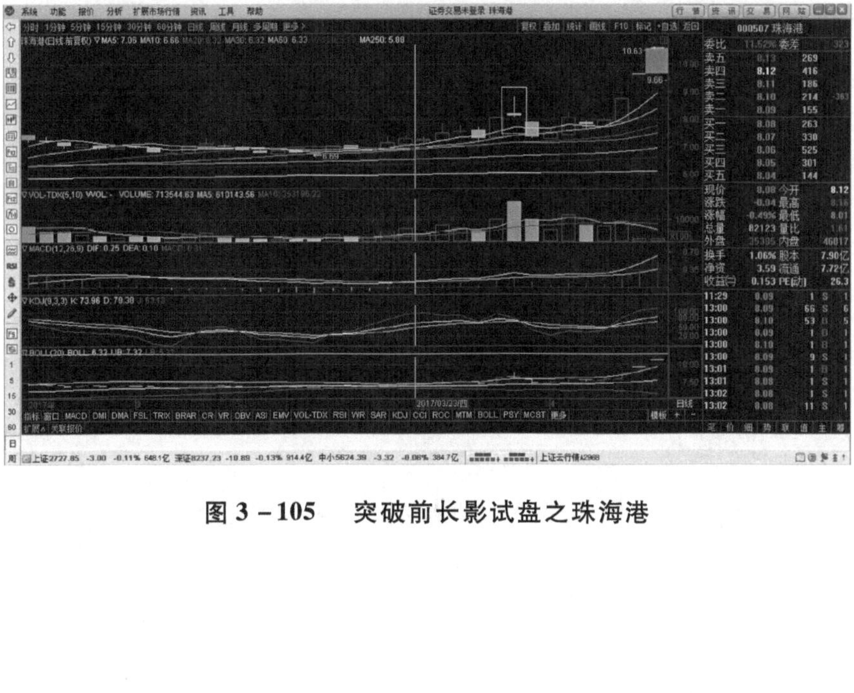

图3－105　突破前长影试盘之珠海港

（五十六）仙人指路

上涨行情初期，三四天连阳上攻，最后1根阳线留下长上影，之后缩量回调3根以内小阴线，代表空头意愿和实力不强，行情将沿着上影线所指方向运行，即为仙人指路。此时应当分批介入，越洗盘越买。

密码：（1）位置密码：上涨初期或上涨行情过程中；（2）形态密码：仙人指路；（3）成交量密码：多头温和放量；（4）确认密码：空头回踩确认缩量小阴小阳十字星，不能否定多头的上涨。

图3－106的重药控股在上涨初期，出现仙人指路形态，之后股价持续上涨。

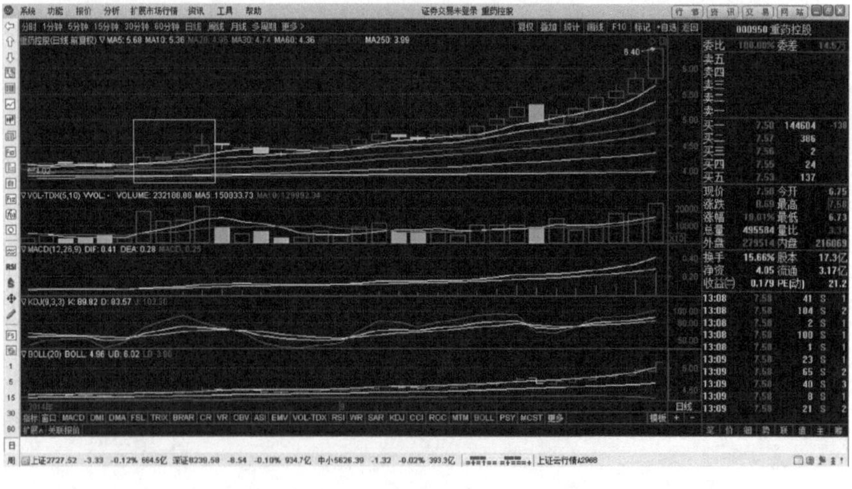

图3－106　仙人指路之重药控股

（五十七）空中加油

上涨行情过程中，多头连续发力向上，当收出阳线的次日股票高开，收盘却收出假阴线时，如果多头不做任何调整，而是迎面而上，则形成空中加油态势。说明多头的意志坚定，实力雄厚，应当量化介入。

密码：（1）位置密码：上涨行情过程中；（2）形态密码：空中加油；（3）成交量密码：假阴线放量；（4）确认洗盘密码：不用确认与洗盘；（5）股性归属密码：股性归属主升行情强势龙头；（6）大盘环境密码：大盘不大跌。

图 3－107 的盛和资源上涨过程中，出现空中加油形态，多头的意志坚定，之后股价持续上涨。

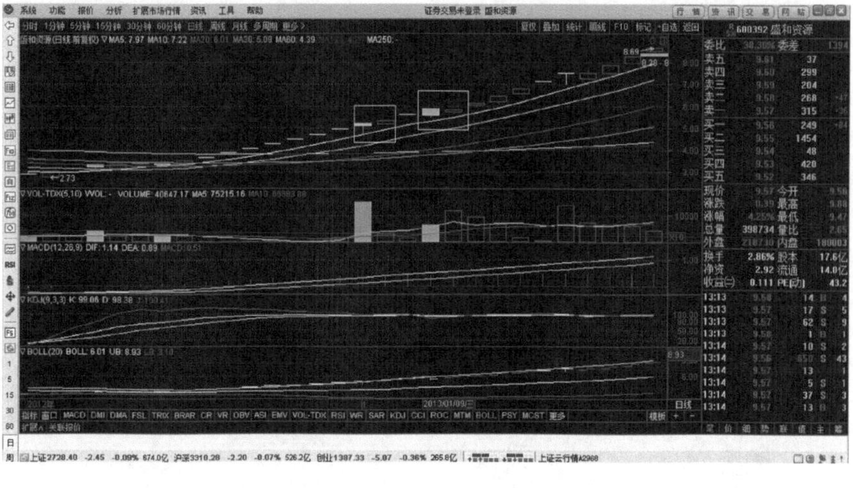

图 3－107　空中加油之盛和资源

（五十八）空尽加油

上涨行情过程中，多头连续发力向上，之后回调洗筹，收出缩量中小阴线，说明空头意愿和力量有限，行情方向大概率不变，如果进一步洗盘，将浮筹洗尽，则形成空尽加油态势。此时应当量化介入，越洗盘越买。

密码：（1）位置密码：上涨行情过程中；（2）形态密码：空尽加油；（3）成交量密码：阴线量不能过大；（4）确认洗盘密码：缩量小阴小阳十字星洗盘；（5）股性归属密码：股性归属普通强势股；（6）大盘环境密码：大盘不大跌。

图 3－108 的英洛华上涨过程中，出现空尽加油形态，之后股价继续拉升。

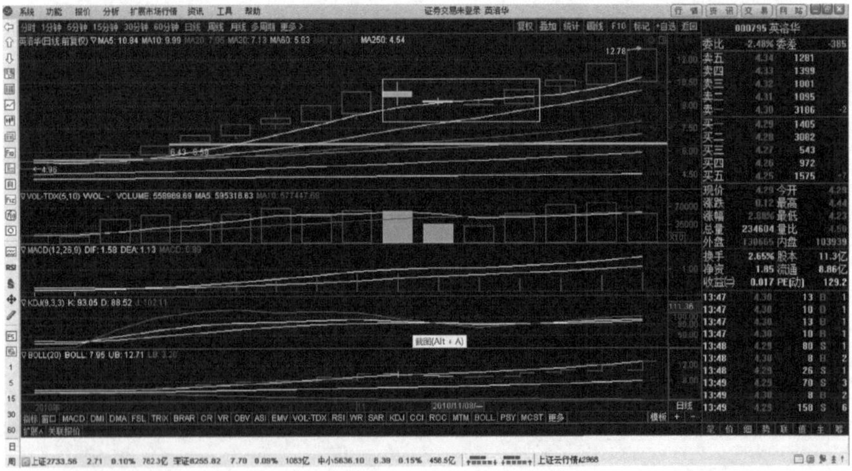

图 3－108　空尽加油之英洛华

（五十九）多中加油

上涨行情过程中，多头连续发力向上，在收出涨停板的次日股票继续高开高走，虽然受到空头的压制，但仍然收出放量中小阳线，说明多头意愿和力量依然很强，行情方向大概率不变，如果多头继续迎面而上，则形成多中加油态势。此时可以量化介入。

密码：（1）位置密码：上涨行情过程中；（2）形态密码：多中加油；（3）成交量密码：阳线放量；（4）确认洗盘密码：不用确认与洗盘；（5）股性归属密码：股性归属主升行情强势龙头；（6）大盘环境密码：大盘不大跌。

图 3－109 的四创电子在上涨过程中，出现多中加油形态，之后股价继续拉升。

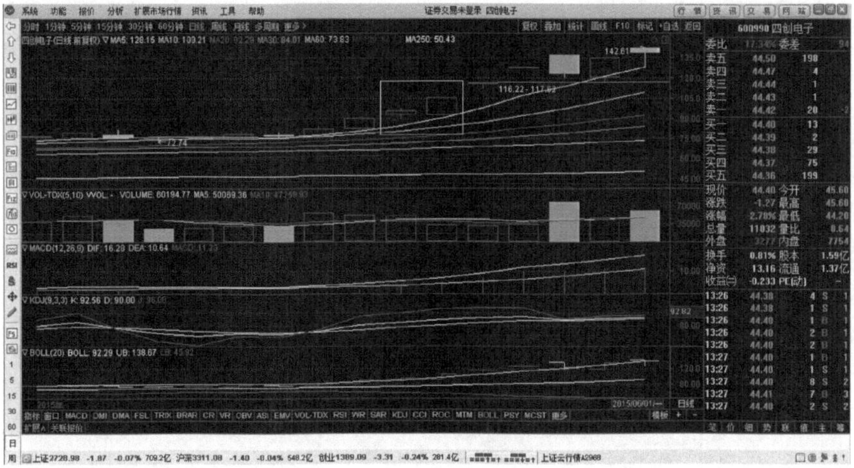

图 3－109　多中加油之四创电子

（六十）山包形态

上涨行情启动期，空头耗尽，多头开始试探反弹，收出 1 根中长阳线或 2 到 3 根中小阳线，之后空头反扑却只能收出 3 根以内缩量小阴小阳十字星 K 线组合，则说明多起空尽，山包形态确立。此为行情拐点信号，投资者应该分批介入，越跌越买。

密码：（1）位置密码：上涨行情启动期；（2）形态密码：山包形态；（3）成交量密码：山包左侧阳线温和放量，山包右侧确认温和缩量；（4）确认洗盘密码：山包右侧确认小阴小阳十字星；（5）股性归属密码：股性归属强势股以及龙头；（6）大盘环境密码：大盘不大跌。

图 3－110 的营口港中线回调行情末期，在 20 日均线处出现山包形态，之后股价拉升。

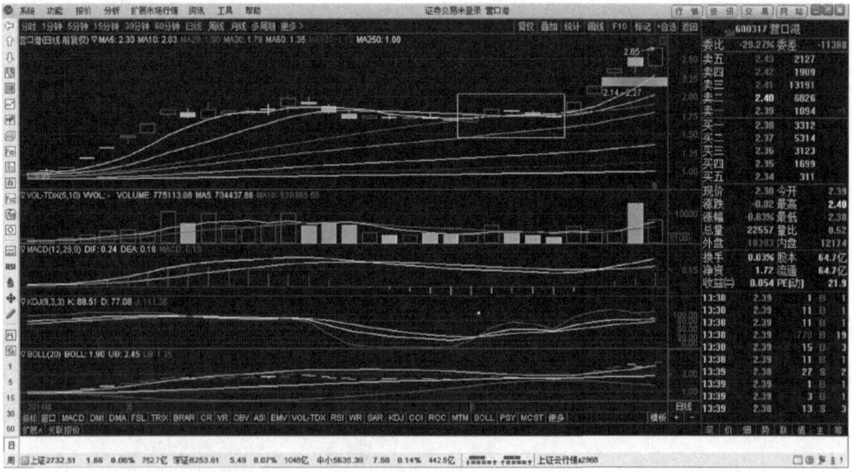

图 3－110　山包形态之营口港

（六十一）通道 K 线组合

通道 K 线组合是由 K 线中顶点与顶点之间的连线形成通道上轨，底点与底点之间的连线形成通道下轨的具有规律性运行特点的一群沿着通道运行的 K 线组合。常见的通道 K 线组合有：上升三角形、下降三角形、扩散三角形、收缩三角形、楔形、矩形、菱形等。

顾名思义，上升三角形之后的运行一般为上涨，其形成主要原因是逢低吸纳的资金很多，随着阻力位抛压不断消化，底部不断抬高，最后以上涨离开三角形形态。

下降三角形之后的运行一般为下跌，其形成主要原因是看空后市的人很多抛压很大，随着支撑位反弹的意愿不断消化，顶部不断压低，最后以下跌离开三角形形态。

扩散三角形在高位与下跌过程中是下跌的信号，在低位时是向上涨的信号，其形成主要原因是投资者参与心态混乱，坚定性不强，分歧大，且多空缺乏制约效果导致的。

收缩三角形与楔形是中继整理形态，之后的运行与进入图形之前的运行方向是一致的，其形成主要原因是阻挡力量被逐级消化后，不再能阻挡原来的运行。

矩形在低位是意愿与力量的转化整理形态，之后的运行是上涨，其形成主要原因是多空意愿与力量经过充分转化后多头开始占据主动并获胜，最终启动上涨过程；矩形在上涨过程与下跌过程中是中继整理形态，之后的运行与进入图形之前的运行方向是一致的，其形成主要原因与收缩三角形、楔形一致。

菱形是比较少见的形态，由扩散三角形与收缩三角形组合而来，之后的运行一般是下跌，其形成主要原因是投资者由扩散三角形人气分歧活跃状态到收缩三角形的人气散离状态导致的。

需要强调的是，所有的股票运动轨迹 K 线或 K 线组合形态，都离不开条件密码的支持，无条件密码支持的形态为无效形态。

第五节 股市运动平均轨迹均线形态

将一定时期内股票价格或指数加以平均，并把不同时间的平均值连接起来，即为均线，代表了一定时间股民的平均多空心理。由于代表了多空心理，因此研究均线形态便有了意义。

一、运动平均轨迹单均线形态

股票以连续股价变化为运动轨迹，股市运动平均轨迹是将一定交易周期内的股价或者指数平均值连成的曲线，其特性有：(1) 平均成本；(2) 支撑和压力作用；(3) 牵引和预测趋势。均线按照其代表的周期长短来划分，可以分为短期、中期、长期三种基本类型。短期均线：5 日、10 日，用于预测短期走势；中期均线：20 日、30 日、60 日，用于预测中期走势；长期均线：120 日、250 日用于预测长期走势。单位可以是分时线、日线、周线、月线和季线等，接下来以日线为单位进行研究。

（一）5日均线

5日均线是股票在最近5个交易日中的平均成交价格的连线，是股票短期运动强势与否的界定线。当股票在5日均线上方运行，代表了股票短期处于强势运动期，投资者可以一直持有该股。当股票在5日均线下方运行时，股票受到5日均线的压制，强势失去，若要重回强势，多头必须放量突破5日均线。当股票向上突破5日均线时，表明市场中有多头资金介入，只要确认有效，则是短线强势机会。强势运行的股票，一般的洗盘回调支撑位就是5日均线，因此对于强势股，5日均线附近是较好的短线回调洗盘买入位。当股票跌穿5日均线，暂时就失去强势，但并不意味着该股已经不再有短期操作价值，因为下方的10日均线依然有很强的支撑。只要不是放量中长阴跌穿5日均线，那么在回踩10日均线附近，浮筹洗净后，还会有重回5日均线的机会。

（二）10日均线

10日均线是股票在最近10个交易日中平均成交价格的连线，是股票短期是否具有活性的界定线。当股票在10日均线上方运行，代表了股票短期处于活性期，处于活性期的股票，洗盘干净后，随后还会有重回5日均线上方的机会，投资者可以持有该股。当股票在10日均线下方运行时，股票受到10日均线的压制，活性失去，若要重回活性，多头必须放量突破10日均线。

当股票向上突破10日均线时，表明市场中有多头资金介入，只要确认有效，则是短线活跃机会。具有活性的股票，一般的洗盘回调支撑位就是10日均线，因此对于处于活性的股票，10日均线附近是较好的短线回调洗盘买入位。当股票跌穿10日均线，暂时就失去活性，短线趋势价值失去，但也并不意味着该股已经不再有生命，因为下方的20日均线依然有很强的支撑，因此该股还有中线希望。当股票向上放量突破10日均线，说明股票短线有大量多头资金流入，是股票开始具有活性的信号，当这样的走势出现时，就预示着股票短期有望走强，投资者可以持续跟踪并寻找短线操作机会。处于主升行情的股票，在行情结束之前，一般不会有效击穿10日均线的支撑，当股价向下有效击穿10日均线时，市场就发出了明确的看空信号，此时短线投资者要立刻离场。有时主力会借助10日均线进行洗盘，缩量小阴小阳，5—8个交易日，之后放量突破5日均线，重回强势由此形成新的短线操作机会。

（三）20日均线

20日均线是股票在最近20个交易日中平均成交价格的连线，是股票中期是否具有生命的界定线。对20日均线的研究最好与大盘系统环境结合起来。当大盘系统处于主跌行情中，强势线会下移到10日均线，而活性线会下移到20日均线，此时对20日均线的研究等同于大盘系统非主跌行情时的10日均线；当大盘系统处于宽幅横盘震荡行情时，20日均线是介于短期活性线与中期生命线之间的区域界定线；当大盘环境处于上涨行情中，20日均线是股票中期是否具有生命的界定线。因此，20日均线的信号价值较为灵活。当20日均线为活性线时，上穿20日均线则进入短线活性期，说明股票短线有大量多头资金流入，是股票开始具有活性的信号，当这样的走势出现时，就预示着股票短期有望走强，甚至突破强势线，投资者可以持续跟踪并寻找短线操作机会；当20日均线为中期生命线时，上穿20日均线则进入中期生命区，说明股票中线将有多头资金流入，具有中线价值；当20日均线介于短期活性线与中期生命线之间的区域，则看谁的比例更大，以更大比例的功能线为主处理方式。

（四）30日均线

30日均线是股票在最近30个交易日中平均成交价格的连线，也是股票中期是否具有生命的界定线，是较宽松的中期生命界定线。其研究之法可借鉴20日均线。当30日均线为活性线时，上穿30日均线则进入短线活性期，说明股票短线有大量多头资金流入，是股票开始具有活性的信号，如果能够突破强势线，投资者便有了短期利益最大化机会；当30日均线为中期生命线时，股票在30日均线之上运行，则中长期趋势向好，因此股票回落到30日均线附近时，有较好的抄底机会，但不是利益最大化机会。当30日均线介于短期活性线与中期生命线之间的区域，则看谁的比例更大，以更大比例的功能线为主处理方式。

（五）60 日均线

60 日均线是股票在最近 60 个交易日中平均成交价格的连线，也是股票中期是否具有生命的界定线，是最宽松的中期生命界定线，是大盘系统处于熊市或主跌市场或宽幅震荡下跌期的中期生命界定线。在大盘系统处于牛市或主升行情或宽幅震荡上升期，60 日均线没有中期生命界定线价值。当 30 日均线为中期生命线时，股票在 30 日均线之上运行，则中长期趋势向好，因此股票回落到 30 日均线附近时，有较好的抄底机会，但不是利益最大化机会；当股票有效跌破 60 日均线或一直处于 60 日均线下方运行，则中期无趋势操作价值，趋势投资者应当远离这类股票。

（六）120 日均线

120 日均线是股票在最近 120 个交易日中平均成交价格的连线，也是股票长期是否具有生命的界定线，也是牛熊分界线。股票在 120 日均线上方运行时，还有长线机会，因此股票无量回落到 120 日均线附近，会有抄底机会，但是反弹幅度不会大。如果股票有效跌破 120 日均线或处于 120 日均线下方运行，则是长期熊市，意味着必须长期远离，如果是大盘系统处于 120 日均线下方运行，则趋势投资者必须远离股市。

（七）250 日均线

250 日均线是股票在最近 250 个交易日中平均成交价格的连

线，也是股票长期是否具有生命的界定线，以及牛熊分界线，是最宽松的长期生命界定线和牛熊分界线。其研究之法借鉴 120 日均线即可。

图 3－111 的超频三在 5 日均线处强势持续主升，股价接近两番。10 日均线处出现活性上行，20 日均线处生命线反弹，30 日均线弱势反弹，之后股价持续下跌，并跌破中期生命线 60 日均线和长期生命线 120 日均线，好在 120 日均线和 250 日均线的牛熊分界线依然向上运行。

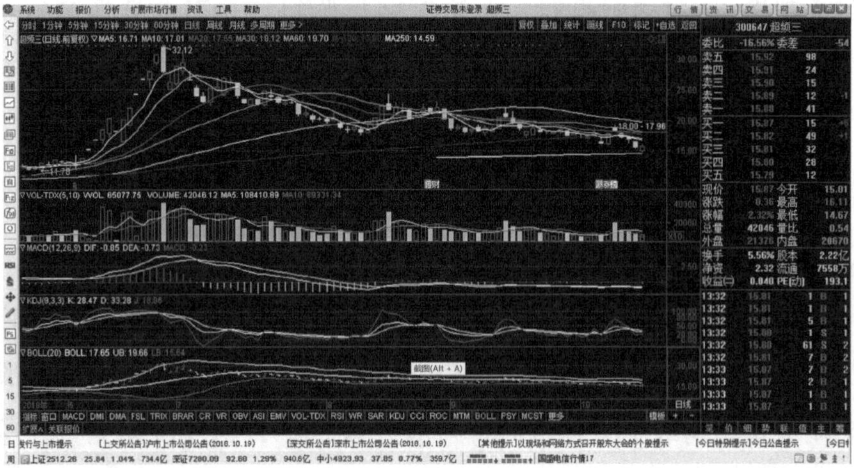

图 3－111　均线分析之超频三

二、运动平均轨迹复合均线形态

（一）均线多头排列

均线多头排列就是 5 日、10 日、20 日、30 日或 60 日均线排列向上，是多头排列市场，市场趋势是强势上升。以均线的支撑为买点，有效跌破均线为卖点。

图 3－112 的横店东磁出现均线多头排列形态，股价持续上涨。

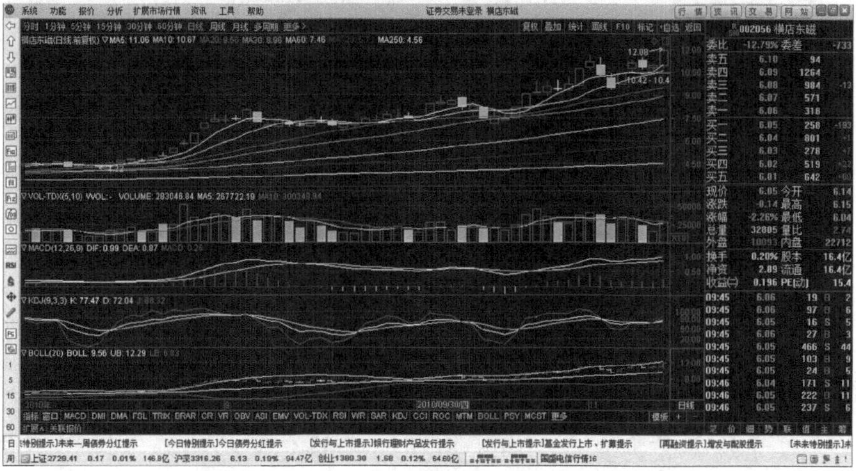

图 3－112　均线多头排列之横店东磁

（二）均线空头排列

均线空头排列就是 5 日、10 日、20 日、30 日以及 60 日均线排列向下，是空头排列市场，市场趋势是弱势下跌。以均线的阻力为卖点，有效击穿均线买点。

图 3－113 的北矿科技出现均线空头排列形态，股价持续下跌。

（三）均线金叉形态

均线金叉排列就是配合多头放量上攻，5 日、10 日、20 日以及 30 日均线中，较短期均线向上突破较长期均线形成的金叉形

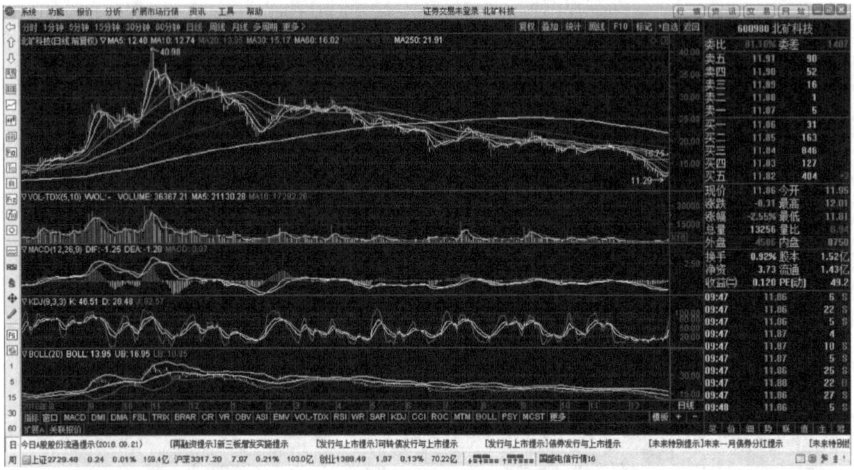

图 3-113　均线空头排列之北矿科技

态，是转多头排列市场，市场趋势转向上行。以有效突破为买点，以无效突破为卖点。由于短期均线的交叉趋势确定性还不是很好，故如能加入代表中长线的 60 日、120 日、250 日均线加以辅助判断则更好，可以增强趋势确定性。当 5 日与 10 日均线金叉向上时，如果此时 60 日、120 日、250 日均线在该金叉之下，对股票有支撑助涨作用；如果此时 60 日、120 日、250 日均线也能方向向上，则更助涨。5 日、10 日、20 日、30 日以及 60 日均线中，如果每一次 5 日与 10 日均线的金叉都能比前一次金叉位置高，则上涨行情还将继续。

图 3-114 的通光线缆在一波上涨回调末期出现均线金叉形态，之后股价拉升。

（四）均线死叉形态

均线死叉排列就是配合空头放量下砸，5 日、10 日、20 日以

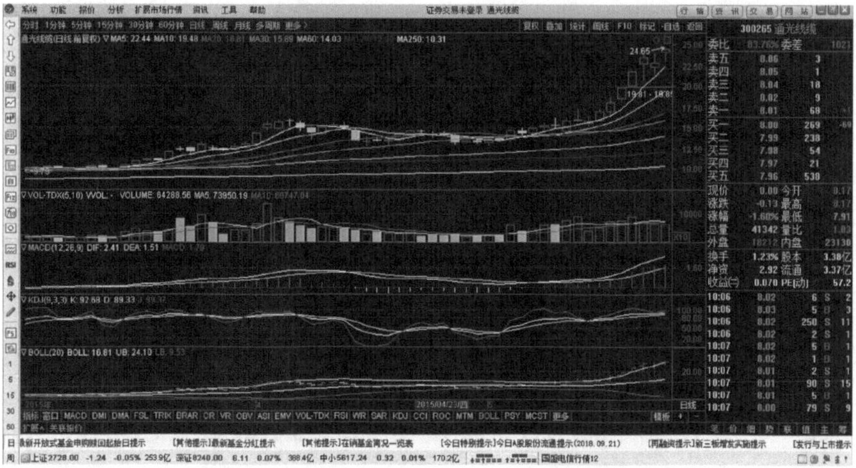

图 3 -114　均线金叉形态之通光线缆

及 30 日均线中，较短期均线向下击穿较长期均线形成的死叉形态，是转空头排列市场，市场趋势转向下行。以有效击穿为卖点，无买点。引进代表中长线的 60 日、120 日、250 日均线加以辅助判断，当 5 日与 10 日均线死叉向下时，如果此时 60 日、120 日、250 日均线在该死叉之上，对股票有压制助跌作用；如果此时 60 日、120 日、250 日均线方向向下，则更助跌。5 日、10 日、20 日、30 日以及 60 日均线中，如果每一次 5 日与 10 日均线的死叉都能比前一次死叉位置低，则下跌行情还将继续。

图 3 -115 康尼机电在顶部区域和下跌途中出现均线死叉形态，股价持续下跌。

（五）均线向上开口形态

5 日、10 日、20 日以及 30 日均线系统多头排列的股票，当

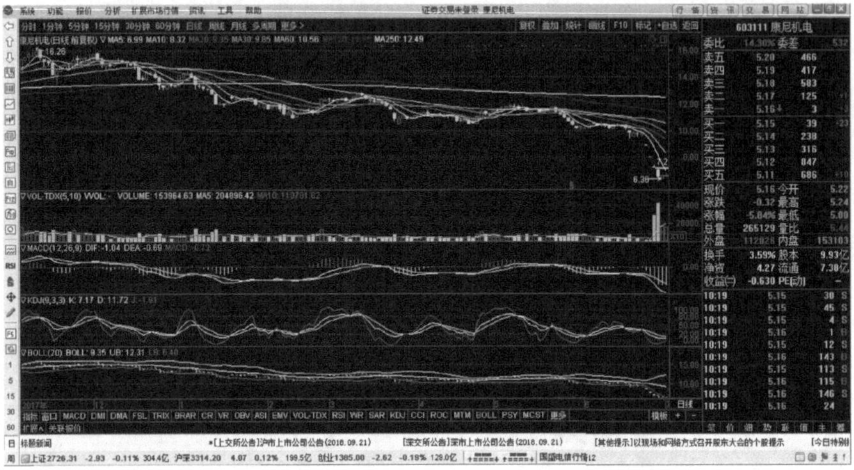

图 3－115　均线死叉形态之康尼机电

股票缩量回调，5 日均线运行到 10 日均线附近时，浮筹基本洗净，股票很快放量上攻，使 5 日与 10 日均线形成向上开口形态，行情进入主升第 3 个子浪快速增长期，投资者可在 5 日均线与 10 日均线即将交叉时重仓介入，将有较大收益。

图 3－116 的光启技术在一波主升之后的回调末期，出现均线向上开口形态，之后股价继续上涨拉升。

（六）均线向下开口形态

5 日、10 日、20 日以及 30 日均线系统空头排列的股票，当股票反弹，5 日均线运行到 10 日均线附近时，多头意愿和力量耗尽，股票很快再次放量下跌，使 5 日与 10 日均线形成向下开口形态，行情进入主跌第 3 浪快速下跌期，投资者必须远离。

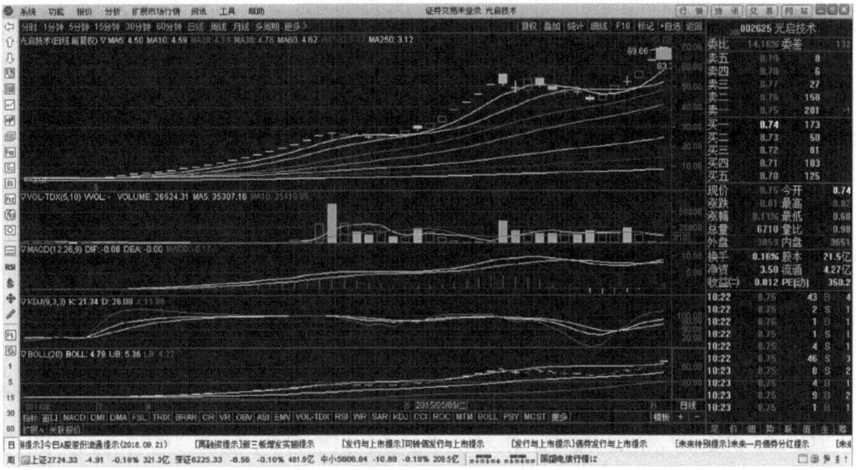

图 3－116　均线向上开口形态之光启技术

图 3－117 的智慧松德在一波下跌的反弹末期，出现均线向下开口形态，之后股价继续下跌。

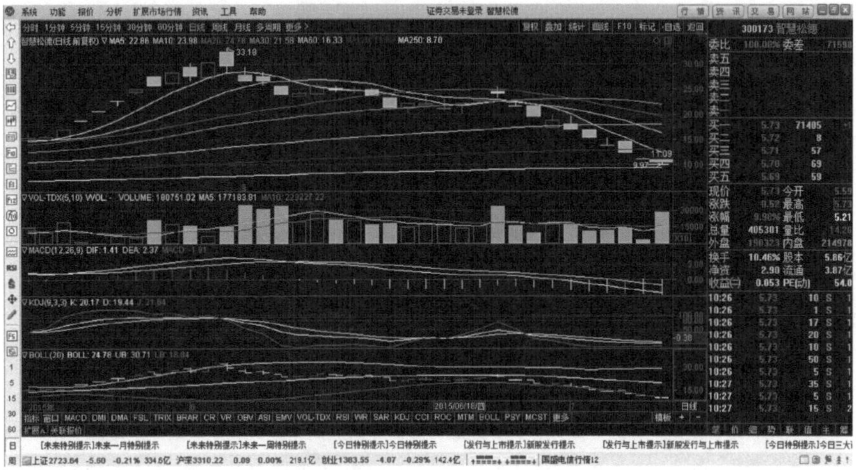

图 3－117　均线向下开口形态之智慧松德

均线系统是技术派投资者常用的技术工具，有其明显优势。利用均线系统有利于捕捉处于启动初期的股票：当均线系统由向下发散开始转向平稳，而后5日均线开始向上突破10日均线，10日均线向上突破20日或30日均线，呈现双重金叉均线形态之后，配合量能逐渐放大，均线系统便发出抄底买入信号。当5日、10日均线均向上突破20日、30日均线之后，其均线系统便形成多头排列。当5日均线回调到10日均线附近时，会有较强的支撑，股票会很快放量上攻形成均线向上开口形态，进入主升第3浪的快速增长期，利润会很丰厚，投资者应当在5日均线与10日均线即将交叉时介入。同时，利用均线系统有利于回避处于下跌初期的股票：对于短期涨幅过大的股票，一旦其5日均线反转向下有效跌穿10日均线，则表明股票多头短线意愿和力量已经耗尽，投资者应当立刻离场。

第六节　股市运动学能量之成交量

股票之所以能够运动，就是因为有能量，有多头能量和空头能量之分。成交量就是多空能量对决的结果，指的是单位时间内股票交易市场上买与卖的交易总量，在股价的走势图中用条形实体表示。根据单位的不同，分别有分时成交量、日成交量、周成交量、月成交量以及季成交量等。根据涨跌属性分别用红绿表示。成交量有几种常见形式：放量、缩量、天量、地量以及底量等。它们的意义与股票所处的位置以及 K 线形态紧密相连。

一、放量

放量一般出现在市场趋势发生转折的时期，是多空分歧较大带来的结果。当股票处于低位时，K 线组合形态构筑出底部形态，然后放量上攻突破，只要能长阳立柱或连续放量走阳，回调都是缩量小阴小阳十字星 K 线形态，则此时的放量意义就是行情主涨。投资者应当分批介入，越跌越买。当股票处于高位时，K线组合形态构筑出顶部形态，然后放量下砸击穿，只要是长阴乌云盖顶或连续放量走阴，反弹都是缩量小阴小阳十字星K线形态，则此时的放量意义就是行情主跌。投资者应当立刻离场。当股票处于上涨过程中放量，并伴随暂时性缩量调整，可以推动上涨行情延续，此时越调整越买。当股票处于下跌过程中放量，并伴随暂时性缩量反弹，则会导致下跌行情延续，此时远离。

相对于缩量来说，放量可以通过对倒制造出来，因此有时具有虚假的成分，投资者一方面要结合股票在大周期的位置，另一方面还要结合K线组合形态来分析其真伪，以免被主力机构欺骗。

图3－118的太平洋低位放量启动，而后缩量回调，之后持续上涨，上涨末期，放量滞涨，之后持续下跌。

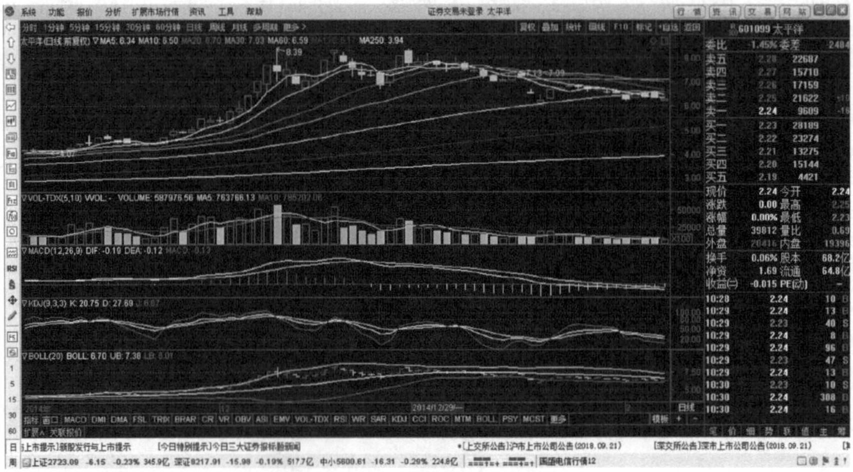

图3－118　放量之太平洋

二、缩量

缩量可以出现在市场趋势的每一个时期，是多空意见较一致带来的结果。多空可以一致看淡后市，此时大多是卖盘，却很少买盘；多空也可以一致看好后市，此时大多是买盘，却很少有人卖；另外多空一方能量耗尽，另一方还未反击时，也表现为缩量。当股票处于下跌或调整末期，空头能量耗尽，但此时多头也还没有反击的意愿，此时容易出现缩量，当多头发力后便会放量上涨或主升，上涨过程中会回调缩量小阴小阳十字星 K 线形态洗盘，此时的缩量则是多空上涨意见一致的结果。投资者此时可以分批介入，越调整越买。当股票处于高位时，多头能量耗尽，而此时空头还未发力，此时的缩量是预示行情拐点的来临，空头随时会放量下砸，投资者应当立刻离场。而下跌过程中也会出现缩量，此时的缩量是多空下跌意见一致的结果，投资者应当远离。

图 3－119 的万科 A 调整末期出现缩量，而后多头发力放量上涨，上涨过程中回调缩量小阴小阳十字星 K 线形态洗盘，之后股价继续上涨，高位时多头能量耗尽，而此时空头还未发力，此时的缩量预示了行情拐点即将来临，之后股价持续下跌。

三、天量

天量只出现在市场趋势发生转折的时期，是多空分歧极大带来的结果。当股票处于中长线下跌期，或股票处于中长线下跌后

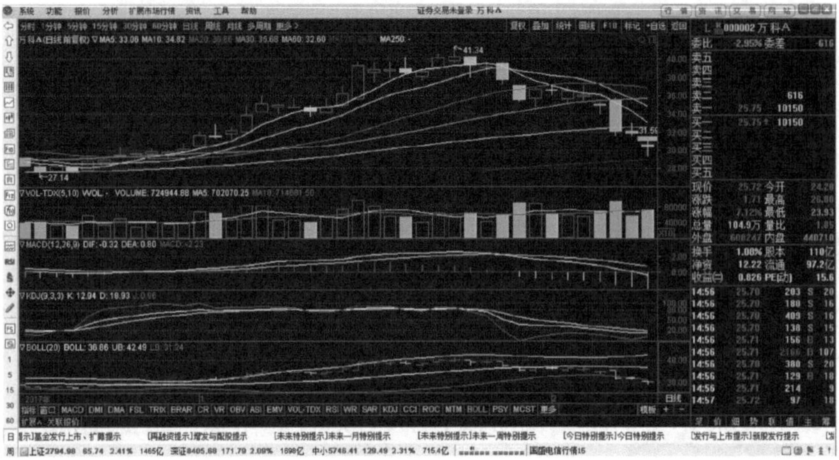

图 3－119　缩量之万科 A

的长时间盘整期，借助利好，天量上攻突破，只要能长阳立柱，回调后大多会缩量小阴小阳十字星 K 线形态，则此时的天量意义就是行情主涨。投资者应当分批介入，越跌越买。当股票处于上涨高位时，借助利空，天量下砸击穿，只要是长阴乌云盖顶，反弹大多是缩量小阴小阳十字星 K 线形态，则此时的天量意义就是行情主跌。投资者应当立刻离场。

图 3－120 的通光线缆在中长线下跌期，多空意见分歧很大，多头天量上攻突破，长阳立柱获胜，之后股价持续拉升。图 3－121 的维科技术在中线上涨高位区，多空意见分歧很大，空头天量乌云盖顶获胜，之后股价持续下跌。

四、地量

天量只出现在市场中长线主跌或熊市的末期，是多空意见极

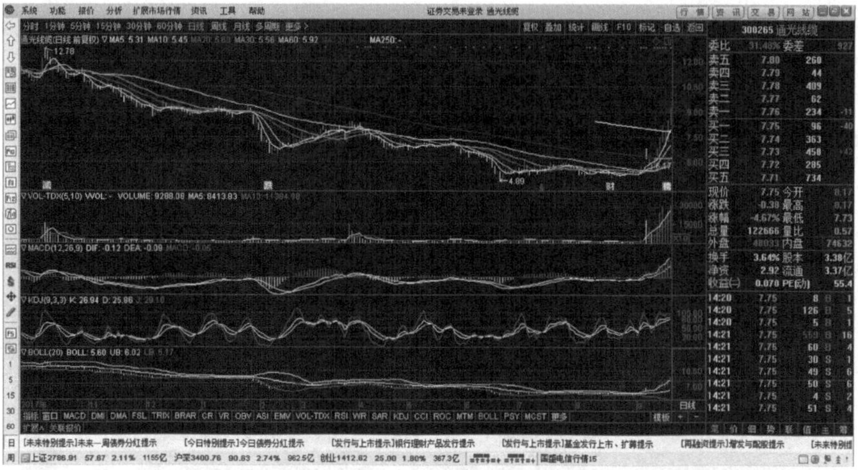

图 3-120　天量之通光线缆

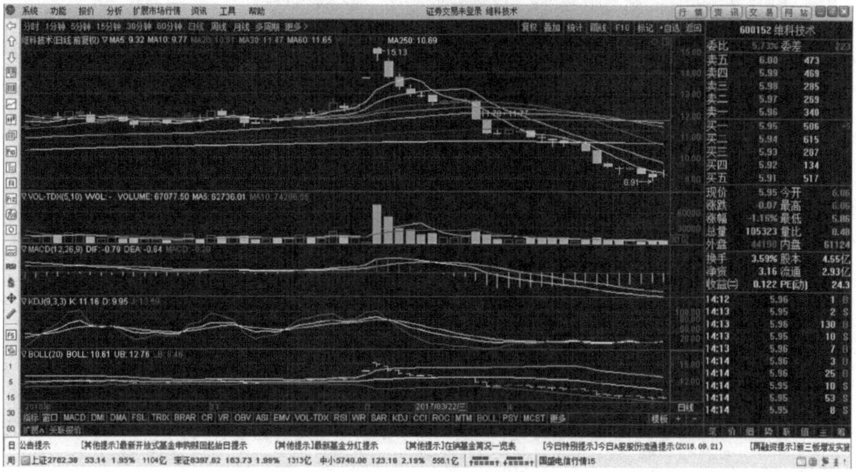

图 3-121　天量之维科技术

其一致或空头彻底耗尽而多头也无心反击的结果。天量天价，地量低价，此时市场处于底部区域。地量底部会有较长时间的盘整期，也不排除为了最后洗盘还会有最后一次大跌，因此，此时价值投资者可以分批进场，甚至轻量主动买套，但趋势投资者不必急于进场。

图 3－122 的西部创业在中长线主跌末期，出现地量止跌盘整，之后多头放量上攻。

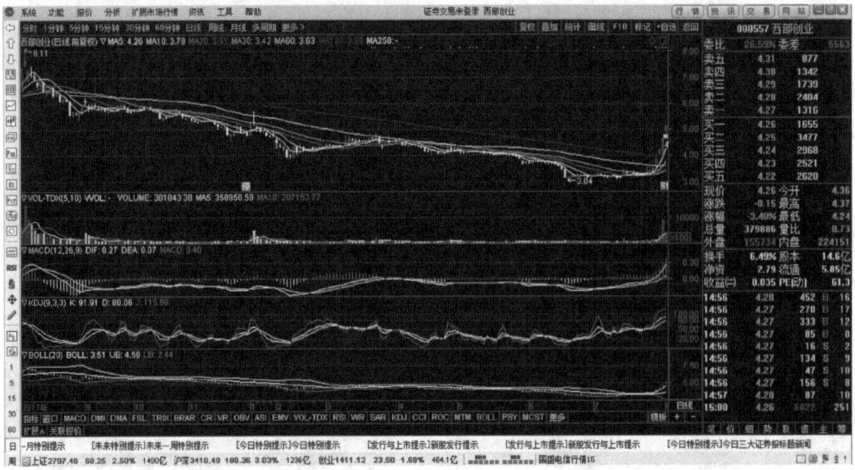

图 3－122　地量之西部创业

五、底量

底量也是重要的特征量，常出现在市场主涨的第 2 回、第 4 回调浪末期，加上 K 线组合形态配合，是市场回调到位的标志，是投资者大举介入的极佳机会。

图 3－123 的中电电机上涨过程中，第 2 子浪、第 4 子浪出现底量小阴小阳，回调洗盘到位，股价继续上涨。

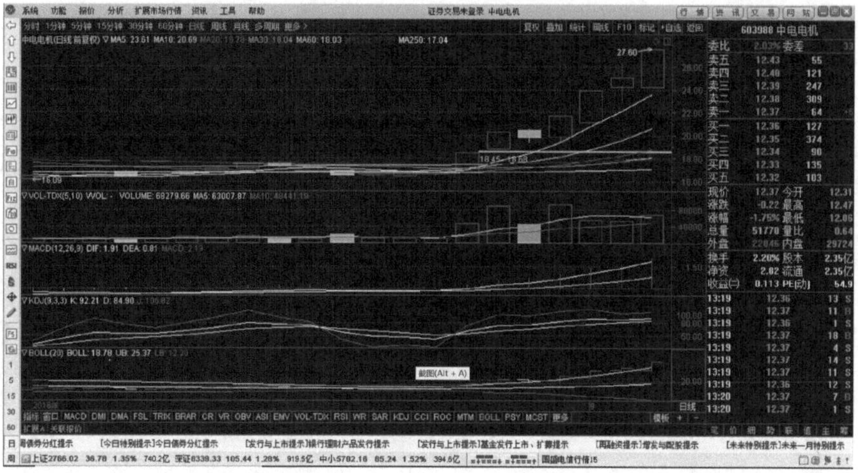

图 3 – 123　底量之中电电机

第四章

以热力学逻辑看股市运行

热力学是从宏观角度研究物质的热运动性质及其规律的学科，从能量转化来研究物质的热性质，以及能量从一种形式转化为另一种形式的宏观规律。

第一节　股市热力学第一定律

一、股市热力学第一定律相关概念

股市是一个热力学系统，当它与外界无相互作用历经一定时间后会达到平衡态，如果系统与外界有相互作用，则系统的状态会发生变化。系统原来的平衡态必然要遭到破坏，或者带来系统机会，或者带来系统风险，需要经过一段时间才能达到新的平衡态。系统从一个平衡态过渡到另一个平衡态所经历的变化历程就是股市一个热力学过程。热力学过程由于中间状态不同而被分为非静态过程与准静态过程两种。如果过程的中间状态是一系列非平衡态，这个过程称为非静态过程。如果过程的中间状态由一系列平衡状态构成，这个过程叫作准静态过程，是由无限平衡的状态变化过程抽象出来的一种理想过程，利用它可以使热力学问题的处理大为简化。股票市场的准静态过程如果出现在下跌运行中，则很难引发较好的反弹，因为整个下跌过程都是准平衡过程，而准平衡过程是基本没有反作用力的。

图4-1的吉比特与图4-2的深南电A，下跌过程以准静态过程运行，故而没有较好的反弹出现。

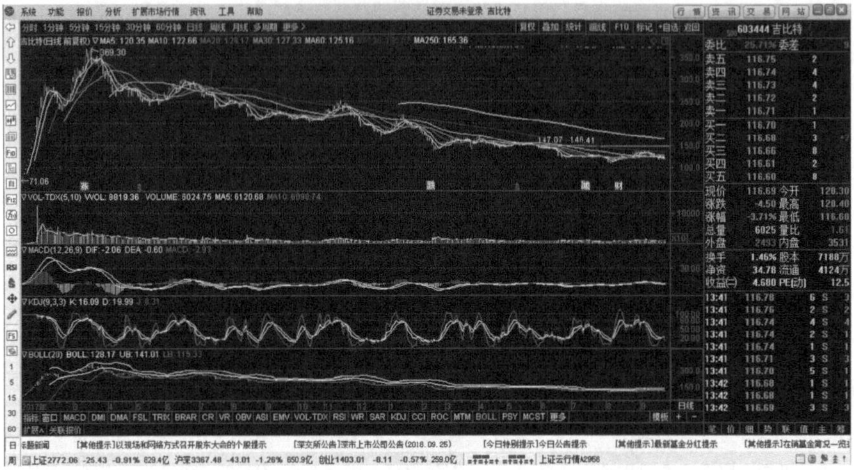

图4-1　准静态过程形态之吉比特

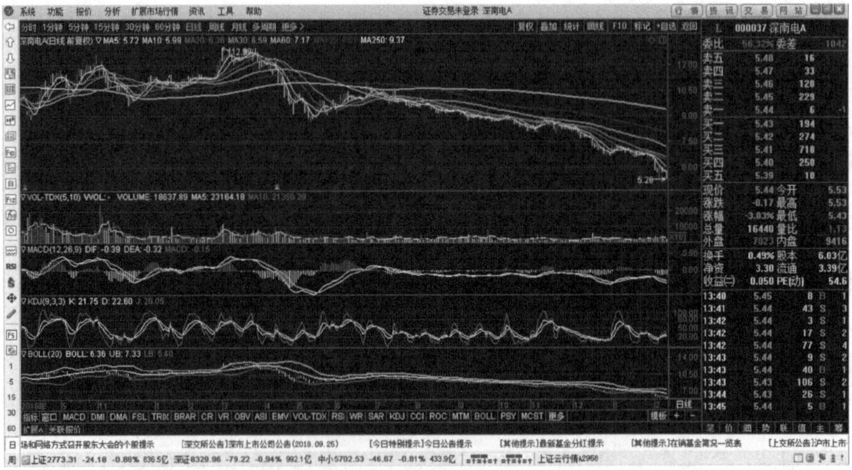

图4-2　准静态过程形态之深南电A

外力做功是股票系统与外界交换能量的一种方式，外界对系统做功的结果会使系统的运动状态和能量发生改变，同时，还可以引起系统热运动状态和热运动能量发生变化。比如2007年末到2008年的全球经济危机，使中国股市由牛市转入熊市，股市持续大跌1年多，同时，资金转移，股市热度急剧降温。

股票系统与外界交换能量的另一种方式是热量传递。在股市热力学中通常不考虑整体的运动，只研究系统内部热运动的宏观规律。系统与外界之间由于温度差而传递的能量称为热量，无数事实证明，外界对股市系统做功或传递热量，都可以使系统的热运动状态发生，这个热运动就是股市人气的上升。人气就是股市热量的集中体现。催化剂外力对股票或板块做功，而使股票或板块成为热点，人气旺盛。龙头板块或龙头股票的持续升温又会向其他相关联股票或板块传递能量，使它们的热运动状态发生变化。

催化剂外力做功和传递热量都可以改变股市系统的状态，从而改变系统的内能（系统内所有板块以及股票人气流动性热运动能量的总和）。根据能量转换与守恒定律有 $\Delta U = Q + W$，即 $W = \Delta U - Q$，这里 ΔU 指代系统内能的变化，Q 指代热量，W 指代功。催化剂外力对系统做功，使系统吸收的热量，一部分使系统的内能增加（表现为股票价值的提升，进而带来股价位势的变化，即价格的变化），另一部分用于股票的涨跌运动。这就是股市热力学一定律。显然，催化热力学第一定律是包含热现象在内的能量守恒与转换定律。

由股市热力学一定律可知，买股票要买热点板块的股票，板块热度越高，相关股票的资金流入就越大，越有利于股价上涨。

上涨多少取决于催化剂外力做了多少功，催化剂外力对上市公司业绩的影响程度决定了它对股票能做多少功。在股票投资过程中一定要评价催化剂对上市公司的业绩有没有实质性影响，影响有多大，给股票带来的是主升行情还是反弹行情，从而可以判断板块热度如何，相关股票能够走多远。

热力学第一定律与运动学动能定理及动量定理有异曲同工之效。自然科学的这些定理与定律在反反复复地论证催化剂评价与选择的重要性。

二、股市热力学人气热度

股市涨跌是由资金流向决定的，资金流向是由热力学人气热度决定的。顶级人气热度有如下的判断方法：

（1）动力学风口催化，市场每天都有很多催化剂，风口催化剂的风最大，人气最旺。

（2）热力学最新最热，有龙头、次龙头、跟风、补涨与扩散效应。

（3）运动学最强势，表现在：时间上最快最早涨停板；空间上涨幅最大，连板数最多，至少两个板以上；5 日强势均线上方运行，回调至少不低于 10 日活性均线；采取一鼓作气式或奔走式主升龙头强势运行。

第二节　股市热力学第二定律

股市的热力学过程是单方向性的，某些方向的过程可以自动实现而反方向的过程则不能。股市热力学第二定律正是反映宏观自然过程进行的方向和条件的一个规律，其文字表述为：一种人气热量不可能自动地从低温板块或股票传向高温板块或股票。要使热量从低温板块或股票传向高温板块或股票，靠自发地进行是不可能的，必须依靠外界催化剂外力做功。催化热力学第二定律和催化第一定律相辅相成，缺一不可。股市热力学第一定律说明在任何过程中能量必须守恒，股市热力学第二定律却说明并非所有能量守恒的过程均能实现。

根据股市热力学第二定律，在股票市场中，热量从高温板块和个股向相关联低温板块和个股扩散。一个板块或股票成为热点以后，其热量必然会向其上下游行业扩散，比如房地产成为热点以后，其热量必然会扩散到上游水泥、钢铁等原材料以及下游装潢和电器等行业，使它们成为次热点，成为投资者的获利机会。股票市场投资有价值投资和趋势投资。要做好趋势投资，就一定要做热点和次热点，而要做好热点与次热点就必须严格遵循股市热力学第二定律。选好有催化剂外力做功的热点板块以及其上下游行业次热点板块，选择相关板块龙头股票，是趋势投资的重要技能。

2014 年底，在催化剂外力“牛市的第一受益板块”的作用下，券商受到人气热烈追捧，资金持续流入，引领了一波轰轰烈烈的牛市。图 4 – 3 至图 4 – 8 的券商也纷纷加入了引领的潮流。

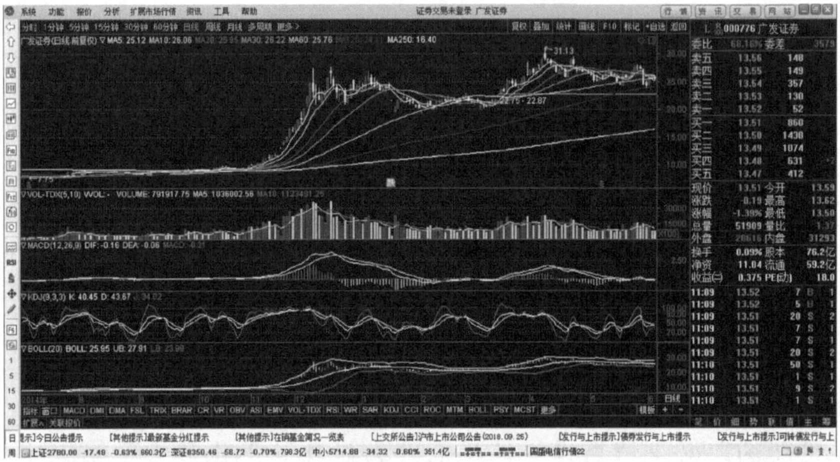

图 4 –3　牛市第一受益之广发证券

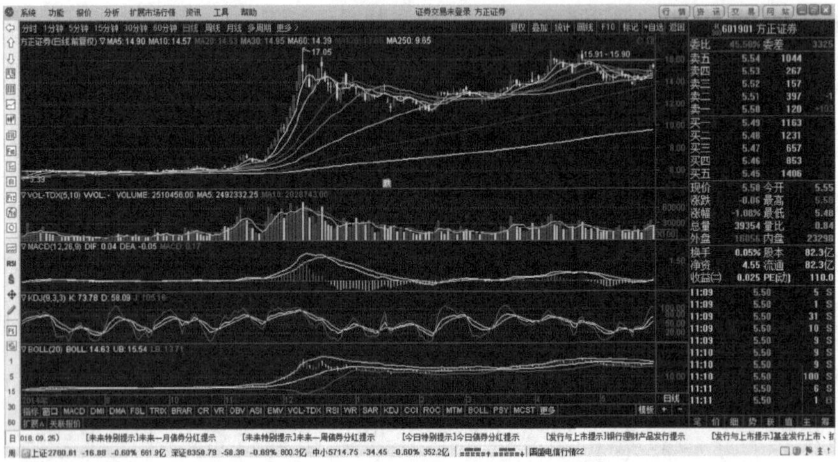

图 4 –4　牛市第一受益之方正证券

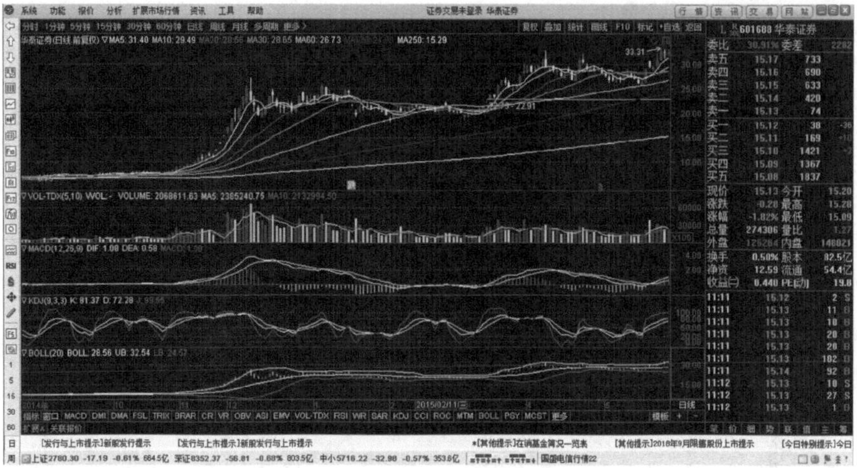

图 4－5　牛市第一受益之华泰证券

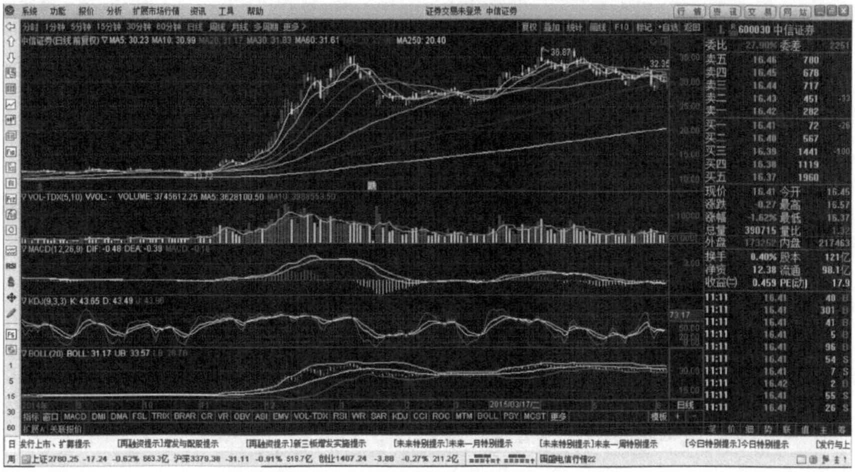

图 4－6　牛市第一受益之中信证券

在物理化学中还存在热力学第三定律：“在 0K 时任何完整晶体的熵等于零”，该定律对股市没有借鉴与指导意义。

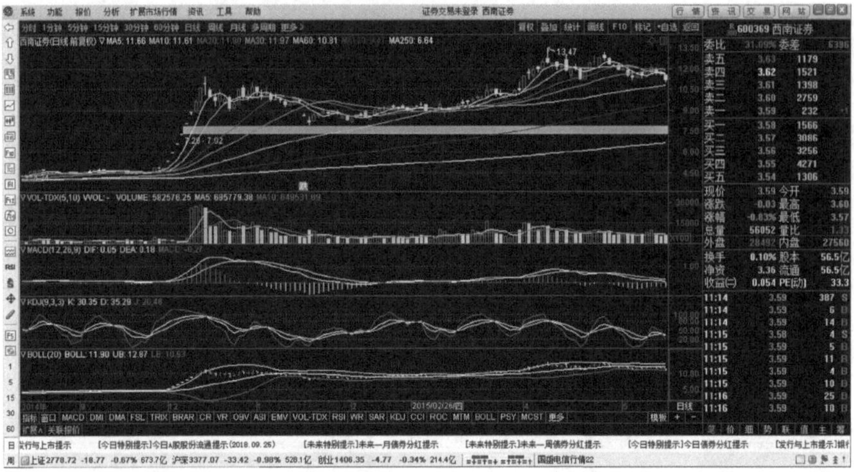

图 4-7　牛市第一受益之西南证券

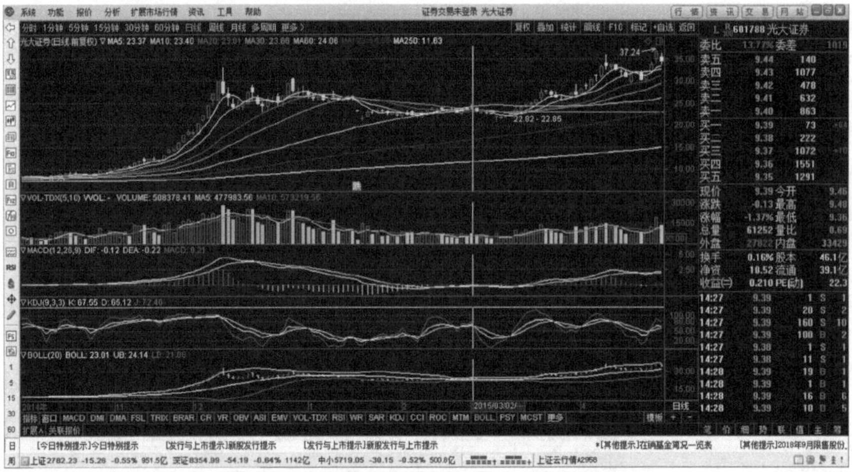

图 4-8　牛市第一受益之光大证券

第五章

以催化化学逻辑看股市运行

股市的涨跌，可以看成一个可逆化学变化。这个可逆化学变化包含两个过程：多头→上涨，下跌←空头。这个可逆化学变化的方向由平衡常数K的大小决定，平衡常数K的值由多空浓度的比值决定，即多空头意愿和力量的比值决定。K = 多头浓度/空头浓度，当 $K>1$，股市上涨；当 $K<1$，股市下跌；当 $K=1$，股市处于平衡盘整。

第一节　股市催化剂和催化作用

一、股市催化剂

股市涨跌是多空可逆变化的过程，这里的重点内容是K值变化由什么决定，也即多空头意愿和力量的变化由什么决定。我们知道催化剂是改变多空头意愿和力量的决定因素，因此全面而深刻地研究催化剂很有必要。常见的股市催化剂分动态估值催化剂和纯概念题材催化剂，具体表现为国家意志、宏观经济状况、未来经济方向、中线业绩价值与核心竞争力、中线业绩价值与反复题材概念、短线题材概念等。催化剂有正负之分，正催化剂是正面积极的催化剂，可以使股市上涨，负催化剂是负面消极的催化剂，会使股市下跌。

与股市密切相关的催化剂的3个属性是：活性、选择性和寿命。催化剂给股票的涨跌究竟带来多大的活性，主要取决于催化剂对公司的业绩影响有多大。而催化剂会选择哪些板块和个股进行强力催化，一方面看哪些板块和个股受催化剂作用大，另一方面公司看公司股票市值（股票流通盘和股价）大小，市值越小的股票越容易被选择。影响股民投资收益的一个重要指标是催化剂寿命，即股票涨跌的拐点。催化剂寿命可从K线图技术面去判断。

催化剂失活是催化剂对股票运动的负面影响因素，会导致股票下跌，甚至带来极端风险，因此也是股民需要极其关注的内容。常见的失活类型有：催化动力学中毒、催化热力学转移或催化运动学寿终。其中动力学中毒最可怕，带来的一般都是极端风险，数个跌停板。其信号来源于消息面，比如某某公司核心技术研发的失败或掺假。因此股市投资绝对不能两耳不闻窗外事；相反，要密切且及时关注消息面信号。失活的运动学K线图信号常见的有：（1）放量滞涨；（2）缩量上涨。信号出现意味着股票运行拐点将到，应该立刻卖票出货。

二、股市催化作用

股市催化作用最大的贡献在股市里集中表现为热点、人气和资金流向的带动。从板块和股票角度来说就是热点，从投资者角度来说就是人气，从资金的角度来说是资金流向。

多相催化理论的一个重要内容就是参加化学反应的分子都是活化分子，对应股市就是活化了的热度高的板块和股票。板块和个股热度越高，人气就越大，资金流向越强，直接推动股票快速上涨。因此，在股市投资中一定要寻找活化板块和活化股票。如何寻找活化板块和活化股票？答案是催化、人气和强势行情。催化可以从国家意志、政策倾向和未来经济大发展方向去把握；人气流动性可以从热点去把握；强势行情可以从上涨速度、加速度、动量与动能的角度去把握。

在国家稀土保护政策的催化剂作用下，稀土板块被政策催化剂激活，成为当时人气最追捧的热点，几乎整个板块全部个股都走出强势行情，上涨速度、加速度、动量与动能都很大。图 5 - 1 的广晟有色、图 5 - 2 的英洛华、图 5 - 3 的横店东磁、图 5 - 4 的厦门钨业、图 5 - 5 的北矿科技以及图 5 - 6 的宁波韵升纷纷走出主升行情。

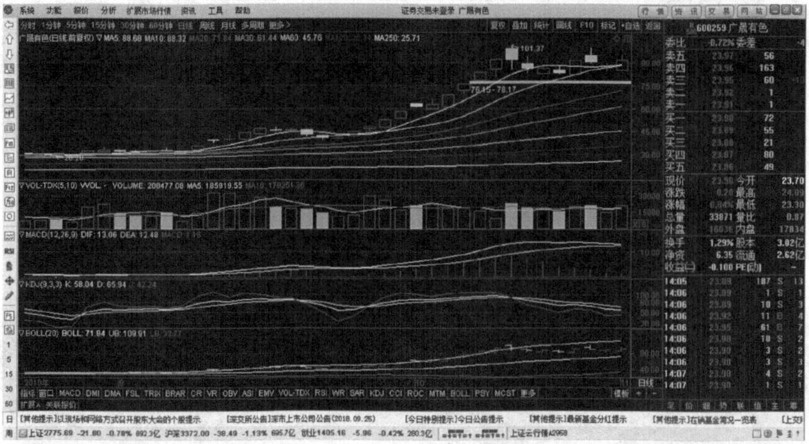

图 5 - 1　活化之广晟有色

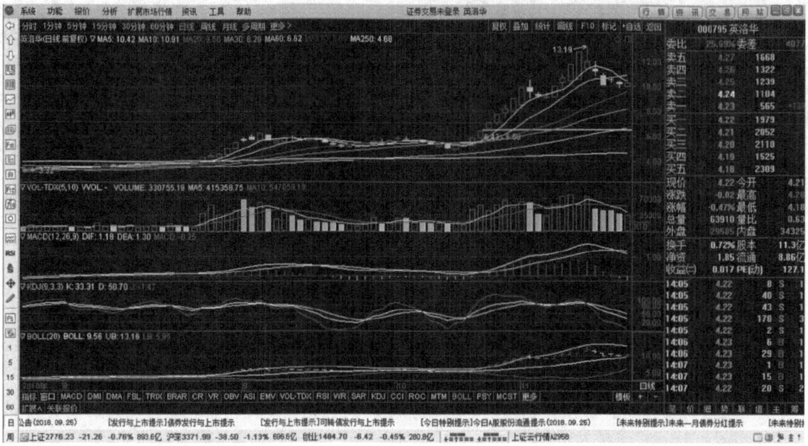

图 5 - 2　活化之英洛华

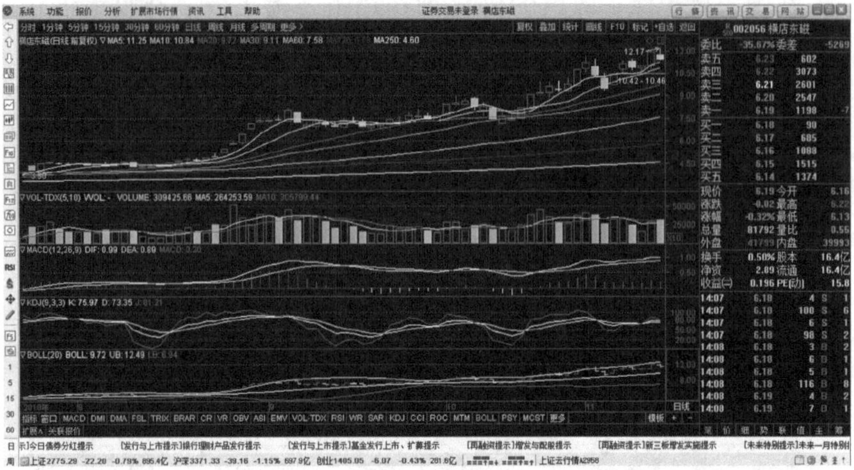

图 5－3　活化之横店东磁

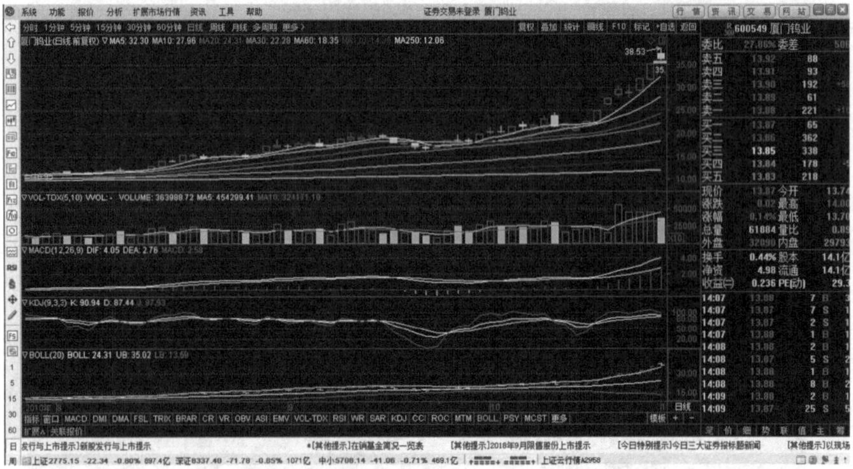

图 5－4　活化之厦门钨业

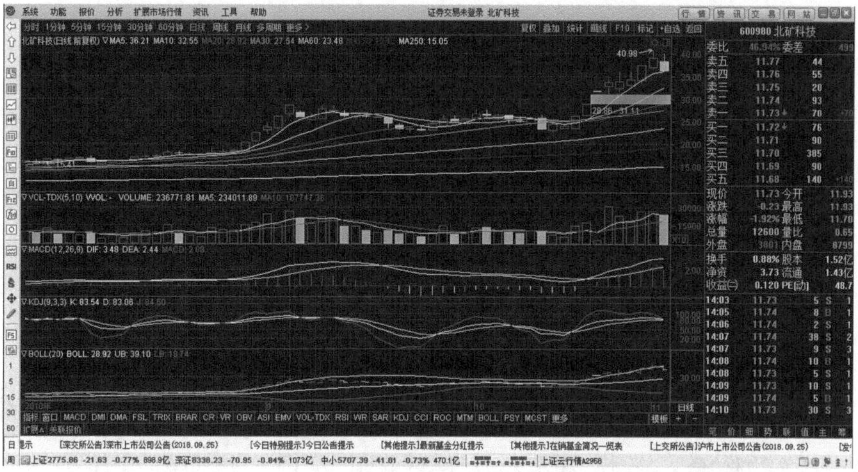

图 5－5　活化之北矿科技

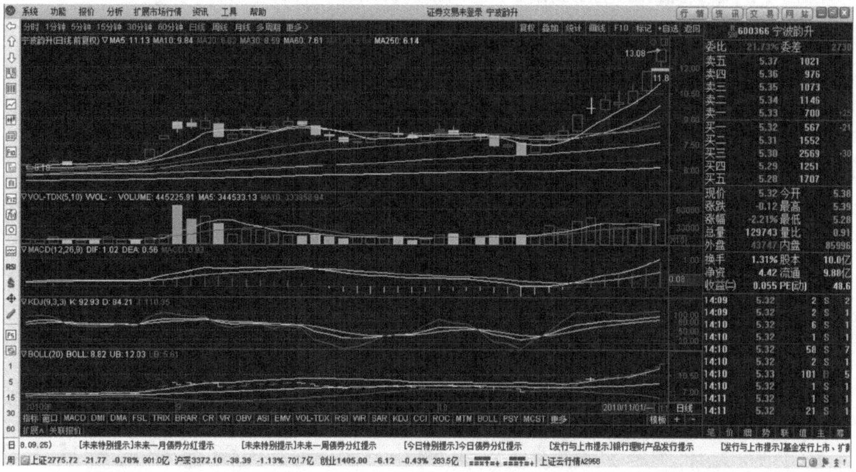

图 5－6　活化之宁波韵升

第二节　股市平衡常数 K 与行情拐点

股市里一个十分重要的操作依据是行情拐点。很多投资者都有这样的体会：行情很容易从 K 线图中发现，然而拐点却是不知如何判断。股市化学则从自然科学的角度，利用平衡常数原理清晰地告诉投资者行情拐点的判断依据。

股市化学清晰地告诉投资者，股市涨跌这个可逆化学变化的方向由平衡常数 K 的大小决定，平衡常数 K 的值由多空浓度的比值决定，即多空头意愿和力量的比值决定。

一、上涨拐点

当 K 小于 1，一方面可以说明股市处于下跌行情；另一方面当 K 值从大于 1，到等于 1，再到小于 1，多头意愿和力量从大于空头，到等于空头，再到小于空头，则说明股市从上涨行情，到平衡态，再到下跌的拐点来临，再到下跌的过程。

投资者常用放量滞涨和缩量缩涨来判断行情拐点，这对于普通股票来说，是比较成立的。因为对于普通股票，面对放量滞涨，其多头的选择一般就是放弃继续上攻，这也意味着，若在高位则是行情拐点，若在中低位则是较深度调整；对于普通股票，缩量缩涨就是多头意愿和力量的萎缩和耗尽，也就意味着上涨动力萎缩耗尽，行情拐点来临。行情拐点的来临意味着股票立刻就会下跌，因此投资者高位要迅速离场。

投资者常用放量滞涨和缩量缩涨来判断行情拐点，这对于强势龙头股票来说，往往是不成立的。投资者会发现这些强势龙头股放量滞涨后根本就不是拐点，行情往往会继续上攻，这是因为强势龙头股面对放量滞涨时，多头并不会放弃继续上攻；相反，作为追逐趋势的主力，不会给散户回调抄底的机会，因此往往是空中加油，继续上攻，也就是说，虽然放量滞涨，但多头的意愿和力量并未萎缩和耗尽，即平衡常数 K 值依然大于 1，在放量滞涨的激战中，消耗的是空头意愿和力量，所以往往放量滞涨后，该强势龙头股往往次日继续涨停板，这也是趋势投资者牟取暴利的极佳机会。此外，投资者也会发现这些强势龙头股一次缩量缩涨后也并未立刻出现拐点，因为强势龙头股的追逐者很多，前仆后继，往往一次缩量缩涨还不能导致拐点出现，但是如果出现两次或以上次数缩量缩涨，则是行情拐点真的来临，此时投资者应该高位离场。

二、下跌拐点

当 K 大于 1，一方面可以说明股市处于上涨行情；另一方面当 K 值从小于 1，到等于 1，再到大于 1，空头意愿和力量从大于多头，到等于多头，再到小于多头，则说明股市从下跌行情，到平衡态，再到上涨的拐点来临，再到上涨的过程。对于短期下跌行情或第2浪、第4浪上涨回调行情，股市从下跌行情，到平衡态，再到上涨的拐点来临，再到上涨的过程，会是一个较连贯和短期过程，投资者发现拐点可以分批介入，越跌越买；对于主跌行情或熊市，股市从下跌行情，到平衡态，再到上涨的拐点来临，再到上涨的过程，会是一个不太连贯和中长期过程，其中平衡态盘底过程非常漫长，而且拐点的出现需要多次反复验证，投资者不必急于进场，直到看到明显的右侧信号才是投资者发现拐点可以分批介入，越跌越买的时机。

图5-7的同洲电子顶部区域，空头意愿和力量转为大于多头，空头浓度转为大于多头浓度，此时K小于1，股价下跌，此为上涨拐点；图5-8的启明信息底部区域，多头意愿和力量转为大于空头，多头浓度转为大于空头浓度，此时K大于1，股价上涨。

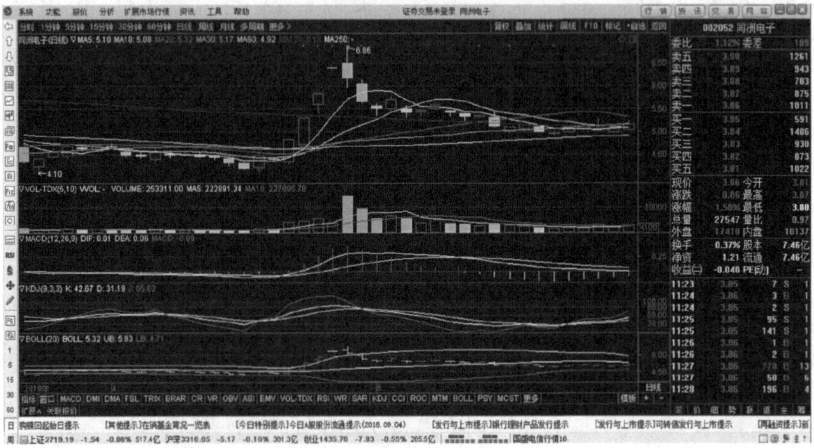

图5-7　上涨拐点之同洲电子

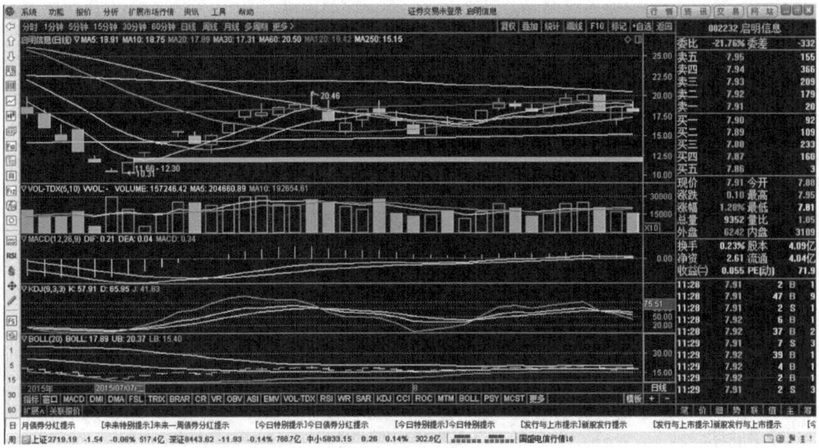

图 5－8　下跌拐点之启明信息

第六章

以心理学逻辑看股市交易

在股市投资中，除根本动力是催化剂外力，而决定股民是否操作与如何操作的直接动力却是股民心理。股民心理导致了股民的资金流向，在市场的作用下，导致了股民的投资盈亏。当投资者技术关已过，炒股就变成了炒心性。很多时候明明知道不能买却会去买，明明知道应该卖却不会卖，这些都是因为心理在控制操作，可见，心性在股市投资中有多重要。

股市是检验人的心性的场所，所有的贪婪、恐慌、不甘心、主观期待等人性弱点在股市里集中亮相。而这些主观心性会直接导致错误操作，最终导致亏损甚至破产。

股市里体现了人的三大心理：主观欲望心理、市场与认知心理、市场与交易心理。

第一节　主观欲望心理

主观欲望心理既有普遍性的一面，又有个性化的一面。普遍性的一面表现在趋利心理上。马斯洛说："人类是欲望动物，他们总是想要得到更多。"人类的需要与欲望总是齐头并进，成功之后还会追求进一步的成功。所以说，逐利是股民的普遍性主观欲望，希望在股市里快速致富，实现人生的财富梦想。个性化的一面表现在利益心理的程度不同和对风险的态度不同。有些股民梦想着一夜暴富，从此一劳永逸，为着这种梦想甘愿历险，甘愿冒市场系统风险去逐利；有些股民则比较冷静稳健，逐利自是毫无疑问，但追求确定性和稳定性，小风险可以尝试破除，大的系统风险则一定是回避。就投资者主观欲望个性心理来说，可以分为：保守型、稳健型、激进型、价值情感型、兴趣爱好型和性格情绪型。

一、保守型

保守谨慎是天性也好，是缺乏对股市、股票的了解与技能也好，或缺乏有效的信息也好，这类投资者知道资金对自己来说意味着什么，花费了很长时间，努力辛勤工作才积累了这笔钱，不能处于风险之中。投资者都知道这样一句话："股市有风险，投资需谨慎"，因此保守型有其明显优点，就是能较好回避风险，不容易被风险捕捉，但其也有缺点，如果过度谨慎，在决定投资与否上容易导致犹豫不决，以至于错过了投资良机，尤其在牛市或主升市场；此外在卖票时机选择上，过度谨慎也会导致卖票过早，导致不能在合适价位卖出股票而带来利润的减少。保守型既有价值投资者，也有趋势投资者。在市场处于熊市或主跌行情时，保守型投资风险最小。

二、稳健型

这类投资者以确定性与稳定性为投资原则，既注重技术分析，也注重基本面分析，以技术信号和消息面双重信息为操作依据，并有自己独到的交易模式，风险把控较好。稳健是最值得提倡的投资心性。稳健型既有价值投资者，也有趋势投资者。稳健是最好的趋势投资模式。

三、激进型

这类投资者以利益最大化为投资原则，多将资金投放于价格波动幅度大的热门股，博取高速增长期的高效利润，频繁操作，为求利益最大化可以挑战较大风险，不介意股票的品质，而关注股票价格的变动趋势。激进型一般只有趋势投资者，如果遇到熊市或主跌市场，激进投资很容易导致破产。

四、价值情感型

这类投资者因为价值钟爱而作出投资决策，一般看好某家公司的主营业务或某种特定产品，对之产生兴趣，因为这个美好的价值构想决定进行投资。其缺点是这些投资者忽视市场的风险，一般不会卖出所爱的股票，哪怕亏得很惨，也相信形势最终会好转，坚守中长线持有，爱得无怨无悔。价值情感型一般只有价值投资者，如果能够结合大盘市场行情，做好市场选择，价值情感型投资是上班族最好的投资选择模式。

五、兴趣爱好型

这类投资者对股市投资本身有一种兴奋感，这种兴奋感让他们拥有一种归属感。对这些人来说，交易本身的乐趣超过了赚钱，他们对所购股票保持高度的热情，密切关注各种投资信息，大量买进或卖出股票，一般短线持有，频繁操作。兴趣爱好型投资者只要能控制好交易风险，便无所谓有没有缺点了，最大的收益不是金钱，而是身心愉悦和健康。兴趣爱好型一般只有趋势投资者。

六、性格情绪型

这类投资者的投资受情绪影响很大，或许刚开始还比较认真，投资决策都会去研究，但过了一段时间后，或是由于工作忙，或是由于被生活或市场投资失败的不愉快搅乱了情绪，结果变成了很随性的态度，贪婪时狂买，重仓满仓，恐慌时满仓割肉，烦躁起来乱买乱卖，又经常会不甘心导致错买错卖。这是最糟糕的投资心理，亏钱是必然的，风险很大，都是些短期高频交易。如果你是性格情绪型投资者，建议尽早离开股票市场。性格情绪型一般只有趋势投资者。

无论哪类主观欲望心理投资者，都必须牢记的是：切莫逆市贪婪！

第二节　认知心理和交易心理

股市投资最终是由认知与交易来完成的，而认知与交易又是由认知心理和交易心理控制的。主观认知心理会干扰投资者对市场的准确认知，进而导致主观交易，而客观认知心理则有助于投资者对市场进行准确认知，并作出正确客观交易。

一、主观认知心理与主观交易心理

（一）主观认知心理

主观认知心理主要表现在三个方面：一是期待，二是臆想，三是轻信。喜欢期待的投资者总是在期待上涨，期待上涨后还会再涨，期待下跌后会很快反弹，期待会后大幅反弹，用期待代替客观认知，然后市场往往事与愿违，原因很简单，因为主力要赚散户的钱，靠什么？靠的就是制造假象让投资者在期待中被套，在期待中被深套。喜欢臆想的投资者总是臆想市场会沿着自己的预判运行，忽视市场信息和信息的变化，忽视客观形势，判断中多凭想象，可是市场是客观的，原理也是客观的，客观市场和原理是不会以人的臆想为转移的，很明显臆想的结局就是交易的头破血流。这两种主观认知心态是非常糟糕的认知心理，而且惯性难改，贯穿市场的每一个时期，并直接导致错误操作。

对自己最不负责任的认知心理就是轻信，轻信他人，轻信所谓资本大佬或股神的推荐和建议，导致错误的依赖，结果被深套，殊不知所谓资本大佬或股神正在等待大量轻信者买入他们推荐的股票，然后自己好从市场中解套。有这样一则寓言：一天，一只狐狸不小心掉进了一口枯井，怎么爬也爬不出来。这是一只山羊路过这口枯井，狐狸想方设法把它骗了下去。之后，狐狸蹬在山羊的背上跳出了这口枯井，并逃之夭夭。而那只可怜的山羊却成了“井底之羊”。这则寓言说的就是这个道理。

（二）主观交易心理

主观交易心理主要表现在三个方面：一是贪婪，二是恐慌，三是不甘心。贪婪的人总是过度不满足，时时刻刻都想得到，得到了还想得到更多，会不顾市场风险一味追求利益最大化。恐慌是每个人都有的情绪，但其恐慌程度因人的承受能力差异而不同，也因人的认知能力差异而不同。不甘心是对自己错误认知能力和交易能力的不否定，将责任归咎于市场和市场主力，结果带来更大的错误。

股市既是多空力量的角逐，也是多空心理的角逐，更是主力与散户之间的心理角逐，因此，主观交易心理往往被市场主力机构利用。股市的运行过程经常会出现虚假的诱多与诱空现象，主力通过制造诱多来激发散户的贪婪心理，让散户在高位接盘，然后自己悄悄出货；主力通过制造诱空来打击散户的恐惧心理，使散户抛出低位廉价筹码，然后自己悄悄吸货。

（三）主观认知心理与主观交易心理

主观认知心理与主观交易心理贯穿市场的每一个时期。市场经过长期主跌之后，进入盘整盘底时期，盘整尾期多空意愿和实力悄悄发生变化，多头已悄悄占据了上风，并放量突破箱体顶部。主观投资者会因为长期的空头思维定式而怀疑行情开始悄悄变化，这种主观怀疑的结果直接导致拿不住手中的筹码，一点点小利益便急急抛出股票，落袋为安。行情在多头发力快速拉升后则是不断后悔叹气。为了不致踏空又急急追高，结果回调浪到来，深度回调导致一些主观投资者又开始恐慌，结果在回调底实在承受不住风险压力卖出了高位买进的股票。之后市场大 3 浪主升行情，行情的到来大部分投资者都能判断，但主观投资者因为筹码在低位卖出，则不甘心在高位追回，结果又导致大 3 浪踏空。看着市场不停上涨，就像无顶一般，心理又会深深后悔踏空，结果又在行情还会继续上涨的期待中介入市场，结果第 4 浪深回调来临。资金再次被套，起初还不以为然，认定是调整，直到跌幅超出心理承受能力，就会怀疑自己判断的正确性，直到实在无法承受的损失来临，又最低位卖出了手中筹码。很快又是第

5浪上涨，起初又是不甘心而踏空，直到市场涨得经不起诱惑后，感觉市场总在跟自己作对似的，气得情绪失控又在高位进场，结果迎来了整个行情的拐点，市场进入主跌行情，反反复复的主观心理导致自己不断否定自己的判断，最后被市场掏空了资金而破产。

二、客观认知心理和客观交易心理

（一）客观认知心理

客观认知心理主要表现在尊重事实，尊重科学原理，冷静且严谨。客观认知心理是认知能力高低的前提，只有具备了客观认知心理，才能看清市场，并判别市场的真伪信息，依据科学原理对市场作出准确判断。

（二）客观交易心理

正确的交易心理应该是怎样的？股市正确的心理就是没有心理，没有主观心理。你所应该的心理就是客观服从，客观服从市场形势，客观服从市场的科学原理，也即客观交易心理。

（三）客观认知心理和客观交易心理

如何做到控制自己的认知心理与交易心理，使市场的每一个时期不再主观情绪化？就本性而言，股市有个心理适应人群，这些心理来自天性，生来而有的沉着冷静与严谨客观，是遗传。那后天如何培养？心性的培养是一个长期的过程，同时与人的品德有关。短期如何纠正心理？可以使用“本能纠正法”。每个人都有自己个体化的“欲”与“止欲”的本能心理。比如因爱而欲，因缺而欲，因怕而止，因错而止。只要根据自己的心理本能特点，用操作后果刺激正确的本能，就能纠正自己对股票运行过程产生的应激心理。举例说，很多时候股民并不是不知道怎么做，只是知与心不能合一，总是不一致。股民常说的“手痒”，其实是“心理痒”，“痒”得明知不能买却无法不买；相反，明知是洗盘，却会“怕”，“怕”得不敢不卖。一只股票买不买？如果已经准确判断该买，那就用正确的后果本能心理去推动自己买，比如买了一定能赚钱的心理就会推动人心去买，这时就会放弃害怕，如果是害怕心理，那就不会去买。一只股票卖不卖？如果已经准确判断该卖，那就用正确的后果本能心理去推动自己卖，比如不卖一定会赔钱破产心理就会推动人心去卖，这时就会放弃贪婪与期待，如果是贪婪与期待，那就不会去卖。

第七章

以军事学逻辑看股市交易

股市里有两大军事阵营：多方红军和空方绿军。战场上是最真实的千军万马，并且几乎是全民皆兵。股市投资是多方红军和空方绿军的战役，也是主力、游资、大户与散户的战役，是一场不见血却又血淋淋的战役。既然是战役，自然就涉及军事学内容。股市交易军事学涵盖了认知与判断、交易战略、交易战术和交易战技四方面内容。

第一节　认知与判断

认知与判断股市形势，是正确交易的前提。这里包含两个重要判定依据：一是有效信号，二是科学原理依据。无效的信号带来的必然是错误的结论，错误的依据也必然推理出错误的结果。

哪些是无效信号？常见的有虚假信号、错误信号与过程信号。股市里常常有一些虚假信号，比如诱空与诱多信号，主力庄为了获取廉价筹码或派发出货时，常常会使用欺骗手法，这需要用科学原理去判别真伪。错误信号是指错误走势信号，有时候有些板块或股票会走出背离大盘系统形势和科学原理依据的形态，这样，纠错就成为迟早的必然。最容易被忽视的无效信号是过程信号，往往盘中上涨尾盘却跳水，而盘中下跌尾盘却反转，因此盘中信号就是过程信号。是不是所有的过程信号都是无效信号？不是的，当盘中过程运行与整体中长线趋势一致时，常常是有效信号。

股市里有哪些意义较大的有效信号？在股市运动学部分，笔者已经较详细介绍了运动轨迹K线形态、均线形态和运动成交量有效信号，接下来介绍一些股市技术指标有效信号。技术指标有几十种，这里介绍一些常用的技术指标。

（一）MACD平滑异动平均线

MACD指标是平滑异动平均线，由长期均线DEA、短期均线DIFF、多头红色能量柱、空头绿色能量柱和多空分界线0轴五部分组成。它有以下几种趋势与操作信号：

（1）当DIFF和DEA同时处于0轴上方时，属于多头市场，DIFF线自下而上穿越DEA线时属于黄金交叉，是买入信号。

（2）当DIFF和DEA同时处于0轴下方时，属于空头市场。DIFF线自上而下穿越DEA线时属于死亡交叉，是卖出信号。

（3）柱状线高度持续收缩表明趋势运行的强度逐渐减弱，当柱状线颜色发生改变，同时DIFF和DEA的高低位置也相应换位时，趋势确定转折，但有大小周期差别。

（4）当股价继续走高，而MACD红柱峰和柱面积却萎缩，视为顶背离，是卖出信号；当股价继续走低，而MACD绿柱峰和柱面积却萎缩，视为底背离，是买入信号。

（二）KDJ随机指标

KDJ指标是一种超买超卖型技术指标，由3根曲线组成，移动速度最快的是J线，其次是K线，最慢的是D线。它有以下几种趋势与操作信号：

（1）KDJ 指标 20 以下的区间为超卖区，是买入信号；80 以上的区域为超买区，是卖出信号；20—80 的区域为买卖平衡区。如果 K、D、J 值都大于 50 时，为多头市场，后市看涨；如果 K、D、J 值都小于 50 时，为空头市场，后市看空；KDJ 处于 50 左右时，其趋势判定信号不强，意义不大。

（2）当 K 在 20 左右向上交叉 D 时属于黄金交叉，视为买入信号；当 K 在 80 左右向下交叉 D 时属于死亡交叉，是卖出信号。该信号有大小周期差别。

（3）$J > 100$ 时视为超买，是卖出信号；$J < 0$ 时视为超卖，是买入信号。

（4）当股价继续走高，而 KD 处在高位，并且形成两个依次向下的峰，视为顶背离，是卖出信号；当股价继续走低，而 KD 处在低位，并且一底比一底高，而此时股价却还在继续下跌，视为底背离，是买入信号。

（三）BOLL 布林轨道

布林轨道理论已在本书第三章第三节运动轨道理论中介绍，此处略。

（四）RSI 相对强弱指数

RSI 是根据一定时期内上涨点数和涨跌点数之和的比率制作出的一种技术曲线。它有以下几种趋势与操作信号：

（1）RSI 指标 20 以下的区间为超卖区，是买入信号；80 以上的区域为超买区，是卖出信号；20—80 的区域为买卖平衡区。

（2）当 RSI > 50 时，为多头市场，后市看涨；当 RSI < 50 时，为空头市场，后市看空；当 RSI 值处于 50 左右时，市场处于整理状态，投资者可以观望。

（3）当快速 RSI 由下向上突破慢速 RSI 时，属于黄金交叉，是买入信号；当快速 RSI 由上向下跌破慢速 RSI 时，属于死亡交叉，是卖出信号。该信号有大小周期差别。

（4）RSI 在 80 以上形成双头或头肩顶形态时，属于顶部区域，是卖出信号；RSI 在 20 以下形成双底或头肩底形态时，属于底部区域，是买入信号。

（五）DMA 平均差

（1）DMA 向上交叉其平均线时属于黄金交叉，是买入信号。

（2）DMA 向下交叉其平均线时属于死亡交叉，是卖出信号。

（3）DMA 的交叉信号比 MACD、TRIX 略快。

（4）当股价继续走高，而 DMA 波峰形成一浪比一浪低，视为顶背离，是卖出信号；当股价继续走低，DMA 波峰形成一浪比一浪高，视为底背离，是买入信号。

（六）TRIX 三重指数平均线

（1）TRIX 由下往上交叉其 MA 平均线时属于黄金交叉，是长期买入信号。

（2）TRIX 由上往下交叉其 MA 平均线时属于死亡交叉，是长期卖出信号。

（七）BRAR 情绪指标

（1）BR＞400，行情过热，是卖出信号；BR＜40，行情将回暖，是买入信号。

（2）AR＞180，能量耗尽，是卖出信号；AR＜40，能量已累积爆发力，是买入信号。

（3）BR 由 300 以上的高点下跌至 50 以下的水平时，股价可能反弹，此时如果 BR 低于 AR 时，是很强买入信号。

（4）BR 介于 70—150 时属于盘整行情。

（八）VR 成交量变异率

（1）VR＞450，市场成交过热，是卖出信号。

（2）VR＜40，市场成交将回暖，是买入信号。

（3）VR 由低档直接上升至 250，股价仍未遭受阻力，此为大行情的前兆。

（4）VR 在 150—80 视为安全区域，VR 在 450—160 视为获利区域，可以考虑获利了结。

（九）PSY 心理线

（1）当 PSY＞75，形成双头形态时，股价容易遭遇心理压力，是卖出信号。

（2）当 PSY < 25，形成双底形态时，股价容易获得心理支撑，是买入信号。

（十）ASI 振动升降指标

（1）ASI 突破前一波高点后，第 2 天股价必突破前一波高点，是买入信号。

（2）ASI 跌破前一波低点后，第 2 天股价必跌破前一波低点，是卖出信号。

（3）股价由下向上欲穿过前一波高点时，如果 ASI 领先股价穿过前一波高点，则次日股价大概率能顺利突破前一波高点；如果股价由上向下欲跌破前一波低点时，如果 ASI 领先股价跌破前一波低点，则次日股价大概率会跌破前一波低点。

（4）ASI 一般与股价走势维持同步波动，并非每一次行情都有领先作用，因此，使用者必须花费一些时间搜寻产生领先信号的个股。

（十一）ROC 变动率指标

（1）本指标的超买超卖范围，一般介于 ±6.5 之间。

（2）ROC 上升至第 1 条超买线时，是第 1 次卖出信号；如果突破第 1 条超买线，则继续向第 2 条超买线方向上升的概率大，ROC 上升至第 2 条超买线时，是第 2 次卖出信号；如果指标突破第 3 条超买线，则属于疯狂多头行情，即使回调还会上涨，不要轻易卖出股票。

（3）ROC 下降至第 1 条超卖线时，是第 1 次买入信号；如果突破第 1 条超卖线，则继续向第 2 条超卖线方向下降的概率大，ROC 下降至第 2 条超卖线时，是第 2 次买入信号；如果指标突破第 3 条超卖线，则属于崩溃空头行情，即使反弹还会下跌，不要轻易买入股票。

第二节　股票交易战略

股市有风险，投资需谨慎。在股票市场投资交易中，必须建立一个完善的确定性好而且稳定性好的交易模式。在每一次交易中，追求盈利确定性是交易原则，由无数个确定性好的交易再组合成稳定性好的投资模式。

如何才能做到盈利确定性？要解决这个问题，首先要研究股市投资风险来源。从大处说股市风险有客观市场内、外风险和主观认知风险、心理风险和交易风险。细分来说，客观市场内、外风险包括经济形势风险、政策风险、利率风险、购买力风险、经营风险、财务风险、信用风险和道德风险、股灾、熊市、主跌市场风险等，主观认知风险包括主观意愿认知风险和客观认知能力风险等，心理风险包括贪婪、不甘心、恐慌、主观想象、期待等，交易风险包括交易行为风险和交易系统风险等。一般性且普遍性的观点是，股民投资风险来源于客观股票内、外市场，股市的下跌是股民投资的风险，尤其慢慢熊市，将会给股民带来巨大风险。不可否定，股市下跌对股票投资带来一定的风险，但不是直接风险。股市的直接风险来源于交易，市场只是潜在风险，也是交易风险的诱因。股市再怎么下跌，只要股民不买，只是持币观望，那么投资一点风险都没有。因此破除或远离风险，是股票投资的关键。当市场风险被你完善的交易模式所化解，便成为无风险市场，剩下的也就是逐利了。

破险后逐利，以实现股市投资的确定性和稳定性，这就是股市交易战略原则。那如何才能做到破险后逐利呢？这就要涉及交易风险来源：错误认知判断风险、市场风险和交易应对风险。错误认知判断风险可以通过科学原理加以纠正；市场风险则需要通过正确的交易应对来破除，常见的有远离和量化；交易应对风险则通过笔者交易军事学之交易战术和交易战技来破除。

股市风险及极端风险之市场来源：（1）动力学黑天鹅，比如中美贸易争端，这是近期影响股市下跌的一个比较大的“黑天鹅”事件，导致股市连连下跌。（2）热力学低温，没有活化分子也就没有化学反应，也就没有反应产物，没有股市的上涨，即股市人气涣散，没有资金净流入，股市市值不断缩水。（3）运动学主跌运动。

根据风险以及极端风险来源，再结合市场行情，制定合理的股市战略：防守远离、攻防以及进攻。当市场处于中线下跌时期，远离股市；当市场处于平衡期，则攻防兼备；当市场中线上涨，则进攻，积极做多。

第三节 股市交易战术

战略是通过战术来完成的。破险很简单，做好市场选择即可，下跌市远离就好了。若要实现投资盈利，关键的是学会如何进攻，即战术模式完善过程。

完善的战术包括两个部分，战术其一是选择股票质点，其二是做股票质点高速增长期。

一、选择股票质点

根据股市物理学和化学原理可以知道，在选择股票时该股票一定要有正催化剂外力，有了利好的催化剂外力，股票才会有上涨运动。价值催化剂外力可做中线价值投资，动态估值催化剂外力可做短线趋势投资也可做中线价值投资，纯概念题材催化剂外力只能做短线趋势投资。

二、做股票质点高速增长期

有了利好催化剂外力，股票便有了上涨趋势，便会出现高速增长期。对于趋势运动，高速增长期常常在中短线时间内，以中波浪形式完成，利润很高，这是趋势投资的秘诀；对于价值运动，高速增长期常常在中长线时间内，以大波浪以中波浪形式完成，利润也很高，这是价值投资的秘诀。

第四节　股市交易战技

战略解决做不做的问题，由战术完成。战术解决做什么的问题，由战技完成。战技解决怎么做的问题，即定时定法和定量的问题。定时定法都是由股票运动节奏决定的，选择运动低点买入，高点卖出，可以低吸高抛，也可以追涨杀跌，视股票质点的运动阶段、位置和能势而定。

股市定量投资即量化投资，是指通过数量化方式，以获取稳定收益为目的的交易方式，是股市破险后逐利的重要武器。只要量化做得好，市场再大的风险都可以被瓦解破除。量化投资是基于市场中板块或个股趋势次序及节奏不确定性或弱确定性发展起来的交易确定性理论。量化投资区别于定性投资的鲜明特征就是模型，常见的量化投资模型有对冲量化、方向量化、趋势量化、高频超短固定利润量化与安全垫量化。

对冲量化是最常见的量化方式，是风险对冲模式的一种，所谓鸡蛋不要放在一个篮子里，以免一次摔跤导致鸡蛋全破。对冲量化可以是多种投资模式之间的风险对冲模式，也可以是股市里多股之间的风险对冲模式，也可以单股的节奏风险对冲模式，即趋势明确，但节奏不明确时越跌越买，降低成本的风险对冲模式，既可以不错失机会，也可以降低节奏风险。方向量化是指中长线价值明确，但中短线节奏不明确时，分批介入，越跌越买以摊低成本的量化投资模式。趋势量化是指中短线高速增长趋势明确，但调整或洗盘节奏不明确时，分批介入，越跌越买，以摊低成本的量化投资模式。高频超短固定利润量化是指超短线量化，次日上涨趋势投资确立，针对超短线可操作价差而使用，根据波浪运行情况或行情上涨空间比例决定固定利润卖出，常常是尾盘买入，次日盘中卖出，频繁交易的量化投资模式。安全垫量化是指股票上涨后，对股价之后运行不确定时先卖出一部分股票，以达成持股安全性的量化投资模式，持股的安全垫高低由投资者的心理和技术实力决定。

量化投资模型在实际应用中必须遵从系统性、确定性和纪律性。量化投资核心投资思想就是宏观系统趋势确定性，通过分散介入与分批介入以化解微观次序及节奏的不确定性或弱确定性风险。看大做小，看长做短，看全局做局部。纪律性：纪律性表现在依靠模型和相信模型，每一天决策之前，首先要运行模型，根据模型的运行结果进行决策，而不是凭感觉。量化投资的好处很多，既可以克服投资者认知偏差，也可以克服人性的弱点，如贪婪、恐惧、侥幸心理等。

量化投资技术几乎覆盖了投资的全过程，包括量化选股、量化择时、资产配置和风险控制等。

参考文献

[1] 刘金平．股票投资心理研究 [M]．开封：河南大学出版社，2003.

[2] 王都发．波浪理论与实战 [M]．北京：经济管理出版社，2005.

[3] 马瑞．证券投资学 [M]．南京：南京大学出版社，2007.

[4] 张玉明．证券投资学 [M]．北京：清华大学出版社，2007.

[5] 徐敏毅．股票投资心理分析 [M]．上海：东华大学出版社，2007.

[6] 李向科．证券投资技术分析 [M]．北京：中国人民大学出版社，2008.

[7] 赵锡军．证券投资学 [M]．北京：中国人民大学出版社，2008.

[8] 孙世刚．物理化学 [M]．厦门：厦门大学出版社，2008.

[9] 尹宏．股市兵学：投资实战谋略 [M]．北京：中国科学技术出版社，2008.

［10］刘德红．股票投资技术分析［M］．北京：经济管理出版社，2009.

［11］周家勋．均线之歌：股市均线技术［M］．北京：中国科学技术出版社，2009.

［12］周家勋．指标大全：股市技术手册［M］．北京：中国科学技术出版社，2009.

［13］赵博．股市K线战法：炒股要懂K线图［M］．北京：企业管理出版社，2009.

［14］徐建中．物理学［M］．北京：化学工业出版社，2010.

［15］金方荣．股市K线实战技法［M］．北京：清华大学出版社，2010.

［16］宏皓．股王兵法之股市博弈［M］．北京：清华大学出版社，2010.

［17］张钰．股市K线操盘：透析主力操盘的K线运用技巧［M］．北京：现代出版社，2010.

［18］万洪文，詹正坤．物理化学［M］．北京：北京科学出版社，2010.

［19］何根基．物理学［M］．北京：北京理工大学出版社，2011.

［20］许沂光．波浪理论［M］．广州：广东经济出版社，2011.

［21］李寿松，胡经国．物理学［M］．北京：高等教育出版社，2011.

［22］黄汝生．如何抄底与逃顶：股市最佳买卖点［M］．北

京：中国经济出版社，2011.

[23] 桂许寿. 股市风险分析与避险对策 [M]. 北京：中国经济出版社，2012.

[24] 中国证券业协会. 证券市场基础知识 [M]. 北京：中国金融出版社，2012.

[25] 中国证券业协会. 证券投资分析 [M]. 北京：中国财政经济出版社，2012.

[26] 宏皓. 股王兵法之股市战心术 [M]. 广州：广东经济出版社，2013.

[27] 邵道明. 解读涨跌秘诀：股市技术指标特别信号用法 [M]. 北京：经济管理出版社，2014.

[28] 张翼远. 股市密码：高手是怎样炼成的 [M]. 上海：上海财经大学出版社，2015.

[29] 江流. 量价是金 [M]. 北京：北京理工大学出版社，2015.

[30] 朱成万. 图解成交量战法：揭秘十倍盈利炒股技巧 [M]. 北京：中国经济出版社，2015.

[31] 陈先达，杨耕. 马克思主义哲学原理 [M]. 北京：中国人民大学出版社，2016.

[32] 林树坤，卢荣祖. 物理化学 [M]. 武汉：华中科技大学出版社，2016.

[33] 云飞扬. 浪的解析：股市大盘研判与实证 [M]. 上海：上海财经大学出版社，2017.

[34] 陈杰. 魔法股市：均线实战技巧详解 [M]. 北京：中国经济出版社，2017.

[35] 金铁. 玩转技术指标：九种技术指标精解 [M]. 北京：中国宇航出版社，2016.

[36] 李昊. 股市技术分析指标大全 [M]. 北京：中国民主法制出版社，2011.

后　　记

《股市动力学原理》，用科学原理解释了股市运动的深层本质。利用股市哲学、股市物理学、股市化学、股市心理学和股市交易军事学，可以确定性地在股市通过趋势投资牟取高额利润，无形中股市成了取款机。《股市动力学原理》的学习与投资实践相结合是一个漫长的过程，初期只能是初级水平，随着科学与实践的不断融合，相辅相成，投资者将从《股市动力学原理》的初级阶段逐渐转入中级阶段和高级阶段，进而成为成熟的投资者。

趋势投资是一种投机投资，从某种角度说，利用趋势投资牟取的利益，相当于把别人通过辛苦劳动赚来的薪水，借由股市装进了你的腰包，无论如何也难以逃脱道德问题。《股市动力学原理》并不倡导用科学去做股市趋势投机。相反，《股市动力学原理》倡导投资者回归股市创建的初衷，回归对有潜力的上市公司进行价值投资，回归对中国企业的发展的支持。为了让祖国的经济更加繁荣，敬请投资者为祖国的上市企业奉献自己的力量。